Walther Ziegler

Schopenhauer
en 60 minutes

traduit par
Laura Hurot

Merci à Rudolf Aichner pour son infatigable travail de rédaction critique, à Silke Ruthenberg pour la finesse de son graphisme, à Angela Schumitz, Lydia Pointvogl, Eva Amberger, Christiane Hüttner, Dr. Martin Engler pour leur relecture attentive, et à Eleonore Presler, docteur en philosophie, qui a effectué une dernière relecture linguistique et scientifique du texte français. Je remercie aussi monsieur le Professeur Guntram Knapp à qui je dois ma passion pour la philosophie.

Je tiens à remercier tout particulièrement ma traductrice Laura Hurot.

Cependant un optimiste m'ordonne d'ouvrir les yeux, de plonger mes regards dans le monde, de voir combien il est beau, à la lumière du soleil, avec ses montagnes, ses vallées, ses fleuves, ses plantes, ses animaux, etc. — Mais le monde est-il donc un panorama ? Sans doute ces choses sont belles à voir ; mais *être* l'une d'elles, c'est une tout autre affaire.[1]

Informations bibliographiques de la Bibliothèque nationale de France :
Cette publication est référencée dans la bibliographie nationale de la Bibliothèque nationale de France.
Les informations bibliographiques détaillées sont disponibles sur internet : www.bnf.fr
© 2019 Dr. Walther Ziegler

Première édition janvier 2019
Conception graphique du contenu et de la couverture : Silke Ruthenberg avec des illustrations de :
Raphael Bräsecke, Creactive - Atelier de publicité, bande dessinée & d'illustrations (dessins)
© JackF - Fotolia.com (cadres)
© Valerie Potapova - Fotolia.com (cadres)
© Svetlana Gryankina - Fotolia.com (bulles entourant les citations)
Édition : BoD – Books on Demand, info@bod.fr
Impression : BoD – Books on Demand, In de Tarpen 42, Norderstedt (Allemagne)
Impression à la demande
ISBN 978-2-3224-5574-4
Dépôt légal : Août 2022

Table des matières

La grande découverte de Schopenhauer	7
La pensée centrale de Schopenhauer	30
Le monde n'est que ma représentation	30
Le monde réel : Une « volonté aveugle »	36
Les six souffrances résultant de la volonté aveugle	44
La volonté aveugle dans l'Histoire	62
La volonté aveugle et Dieu	71
La pitié, fondement de l'éthique	80
Trois façons de surmonter la volonté aveugle : L'art, le théâtre et l'ascèse	87
À quoi nous sert la découverte de Schopenhauer aujourd'hui ?	102
L'ascèse permet-elle d'échapper à la volonté aveugle ?	102
L'idéologie du « Think positive ! » – Le plaidoyer de Schopenhauer pour le pessimisme	108
« Qui ne connaît pas son âge en connaîtra les souffrances » – Vieillir avec réalisme grâce à Schopenhauer	112

L'héritage de Schopenhauer :
Se délivrer de l'obligation d'être heureux 117

Index des citations 127

La grande découverte de Schopenhauer

Parmi tous les philosophes, Arthur Schopenhauer (1788 – 1860) est considéré, et de loin, comme le plus grand et le plus brillant des pessimistes. Aucun autre que lui n'est parvenu, il est vrai, à déceler et dépeindre de façon aussi saisissante les petites et grandes failles de l'existence humaine.

Selon Schopenhauer, la vie sur Terre est l'objet de louanges immérités et de méprises depuis des siècles. De plus, tous les philosophes et scientifiques font fausse route en tenant l'homme [au sens d'être humain, d'humanité] pour un « Homo sapiens », un être d'esprit, un animal rationnel. Selon le philosophe, il s'agit là d'une grossière erreur, car en réalité, ce n'est pas la raison qui guide l'homme dans son existence, mais ses pulsions animales, profondément enfouies et seules à animer ses actions :

C'est en apparence seulement que les hommes sont attirés en avant ; en réalité ils sont poussés par-derrière [...].²

Selon Schopenhauer, nous nous surestimons complètement en croyant pouvoir connaître le monde, voire le guider, grâce à la raison. D'une part, nous ne connaissons jamais le monde tel qu'il est réellement, mais uniquement tel que nous nous le représentons :

Chacun tient l'extrémité de son champ de vision pour le bout du monde.³

D'autre part — et il s'agit là de la grande découverte de Schopenhauer —, toutes les représentations que nous avons du monde recèlent un profond mouvement inconscient, une sorte de force originelle qui se trouve enracinée dans chaque plante, chaque animal et chaque être humain : la « volonté aveugle », ou, comme Schopenhauer l'appelle aussi, la « volonté de vivre » ou le « vouloir-vivre ».

> Tout regard jeté sur le monde [...] nous atteste et nous confirme que la volonté de vivre [...] est au contraire la seule expression véritable de l'essence intime de ce monde.[4]

Schopenhauer a donc choisi un titre court et concis pour son œuvre majeure devenue célèbre : *Le Monde comme volonté et comme représentation*. La volonté n'a pas été placée en première place par hasard. Comme le philosophe le dira lui-même, sa pensée centrale se résume en une seule phrase : l'homme se fait certes de nombreuses représentations du monde, mais en réalité, le monde dans son ensemble n'est que l'expression d'une volonté irrépressible qui se manifeste depuis la nuit des temps dans la matière, à savoir dans les plantes, les animaux et les êtres humains.

> Tout se presse et se pousse [...] vers la vie [...].

> Contemplons cette ardeur de vie universelle, voyons l'empressement infini, cette facilité, cette exubérance avec laquelle, en tout lieu et à toute heure, le vouloir-vivre fait violemment effort vers l'existence, emprunte des formes innombrables, use des fécondations et des germes sans perdre une seule occasion de tirer avidement à soi la moindre substance capable de vivre.[5]

Comme Schopenhauer le souligne ici, la volonté de vivre est une « ardeur de vie universelle », c'est-à-dire qu'elle est de manière générale à l'œuvre partout, simultanément. C'est cette volonté qui pousse les plantes à se tourner vers le soleil et les animaux et les êtres humains à manger, boire et se multiplier. Elle agit sous la forme de la pulsion de vie et de la pulsion sexuelle, omniprésentes, et se manifeste à tout moment par millions dans l'ensemble des organismes présents sur Terre.

Une première preuve de la pénétration de notre essence intime par cette « volonté de vivre » nous est fournie par la résistance désespérée qu'oppose toute créature dès lors qu'on essaie d'attenter à sa vie. Que cette volonté universelle se manifeste dans une guêpe, une souris ou un être humain, elle se dresse chaque fois contre la mort avec la même intensité sans bornes :

> Considérons ensuite ces inquiétudes horribles, ces révoltes sauvages de sa part, lorsqu'il [le vouloir-vivre] doit, en quelqu'un de ses phénomènes isolés, se séparer de l'existence [...], et tout l'être d'une créature vivante ainsi menacée se réduit aussitôt à une lutte, à une résistance désespérée contre la mort. Voyons par exemple l'angoisse incroyable d'un homme en danger de mort, l'intérêt immédiat et sérieux pris par tous les témoins à sa souffrance et leurs transports de joie sans fin quand il est sauvé.[6]

Pour Schopenhauer, le fait que tous les organismes veuillent à tout prix rester en vie et déploient dans ce but leurs dernières forces constitue une première preuve de sa pensée centrale ; mais l'évolution dans son ensemble, avec ses innombrables substances, plantes et animaux, leur adaptation permanente à de nouvelles conditions environnementales et leur lutte acharnée et incessante pour la conservation des espèces, atteste aussi selon lui avec certitude l'action universelle de ce qu'il nomme la « volonté aveugle » de vivre :

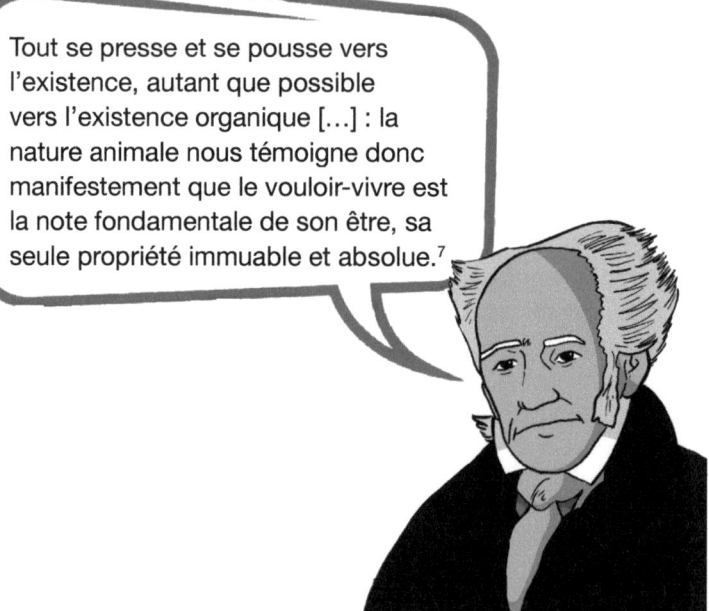

Tout se presse et se pousse vers l'existence, autant que possible vers l'existence organique [...] : la nature animale nous témoigne donc manifestement que le vouloir-vivre est la note fondamentale de son être, sa seule propriété immuable et absolue.[7]

Ainsi, la volonté est la seule « note fondamentale [...] immuable » de notre être. L'idée selon laquelle ce serait la raison, d'origine humaine ou divine, qui serait l'élément véritablement déterminant dissimulé derrière l'ensemble du vivant, idée partagée par les théologiens et les philosophes pendant des millénaires, est indéfendable d'après Schopenhauer :

> Mais au lieu de la raison, c'est ici la volonté qui agit, en tant qu'instinct de vivre, désir de vivre, courage de vivre ; c'est la même force qui fait croître la plante.[8]

Mais pourquoi Schopenhauer parle-t-il de « volonté aveugle » ? Le vouloir-vivre n'est-il pas au service de l'espèce, comme le philosophe en convient lui-même ?

> Mais un examen plus attentif nous montrera ici encore qu'il est bien plutôt une impulsion aveugle, un instinct sans fondement et sans motif.[9]

Ainsi, un examen plus attentif montre que le vouloir-vivre est un « instinct […] sans motif » et « aveugle » puisqu'il ne poursuit finalement aucun but sensé ou apparent :

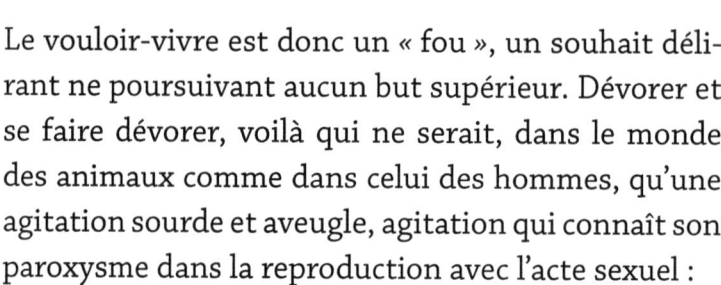

> Mais la fin dernière de tout cela, quelle est-elle ? Assurer pendant un court espace de temps l'existence d'individus [...] torturés ; dans le cas le plus heureux, une misère supportable [...] ; enfin la reproduction de cette race et de son activité. — À ce point de vue, et en raison de cette évidente disproportion entre la peine et le gain, le vouloir-vivre nous apparaît, pris objectivement, comme un fou, et subjectivement comme une illusion qui s'empare de tout être vivant et lui fait appliquer tout l'effort de ses facultés à la poursuite d'une fin sans valeur.[10]

Le vouloir-vivre est donc un « fou », un souhait délirant ne poursuivant aucun but supérieur. Dévorer et se faire dévorer, voilà qui ne serait, dans le monde des animaux comme dans celui des hommes, qu'une agitation sourde et aveugle, agitation qui connaît son paroxysme dans la reproduction avec l'acte sexuel :

> La nature [...], ayant pour essence même la volonté de vivre, pousse de toutes ses forces et la bête et l'homme à se perpétuer.[11]

La « force du désir » mène alors à une multiplication incontrôlée, à de terribles guerres, et débouche plus tard sur un

> excès de population encombrant toute la planète, et les maux effroyables qui naîtraient de là, c'est à peine si une imagination audacieuse arriverait à les concevoir.[12]

Si la volonté est aveugle, toutefois, c'est surtout parce qu'elle est, de façon générale, incapable de se reconnaître et de réfléchir à elle-même. Cette non-conscience d'elle-même se manifeste chaque fois que la volonté s'empare des différents individus tout en se réalisant violemment en eux. Schopenhauer dit d'ailleurs littéralement que la volonté « s'individualise », sans toutefois perdre de sa puissance ni devoir se diviser. Dans chaque organisme, elle agit avec la même énergie indivisible et absolue ; or c'est précisément ce qui prouve sa folie irréfléchie, car un seul et même vouloir-vivre pousse le loup affamé à chasser et tuer le chevreuil tout en agissant en même temps dans ce chevreuil, qu'il pousse à essayer d'échapper à l'effroyable morsure. Cela signifie que la volonté,

> dans l'un des individus qui la manifestent [le loup], [...] cherche un accroissement de son bien-être, et en même temps chez l'autre [le chevreuil] elle produit une cuisante souffrance ; dans sa violence, elle enfonce en sa propre chair ses dents, sans voir que c'est encore elle qu'elle déchire [...].[13]

La volonté de vivre enfonce donc ses dents dans sa propre chair tout en ignorant que, finalement, c'est toujours elle-même qu'elle torture dans chacune des créatures :

Le bourreau et le patient ne font qu'un.[14]

Non seulement la volonté « aveugle » ne se rend pas compte qu'elle devient ainsi avec brutalité son propre cannibale, mais en plus elle n'en a que faire. Elle ne possède ni morale, ni capacité d'auto-réflexion et d'auto-contrôle :

La volonté [...] [est] sans intelligence (en soi, elle n'est point autre), désir aveugle, irrésistible [...].[15]

Même la beauté et la sérénité majestueuses et tant vantées du lion ne doivent pas nous faire oublier que le roi de la savane ne doit lui aussi son existence qu'à cette impulsion aveugle, et qu'il trône sur une montagne de cadavres dont le sang lui aura permis de vivre jusqu'à ce qu'il soit lui-même un jour victime de la volonté cannibale. Mais le lion n'est pas le seul à abriter cette volonté tenace, on la retrouve aussi dans la mauvaise herbe qui, à peine arrachée, repousse aussitôt :

> Tous ces phénomènes sont la preuve évidente que j'ai eu raison de poser comme principe inexplicable, mais propre à servir de fondement à toute explication, la volonté de vivre, et que ce vouloir-vivre [...] est la réalité suprême à nous connue, est même la substance et le noyau de toute réalité.[16]

Ainsi, la volonté est le noyau inexplicable de la réalité. Elle est, comme le dit aussi Schopenhauer, « métaphysique ». Ce mot, formé à partir des racines grecques « méta » et « physique », signifie que la volonté existe « au-delà » de la réalité physique, voire la précède. Par conséquent, la volonté de vivre n'est pas un instinct perceptible physiquement, pas un phénomène ou une loi naturelle mesurable scientifiquement, mais la force même à l'origine des mesures et observations, et qui seule les rend possibles. Car, contrairement aux formes de vie qui évoluent constamment sur Terre, des organismes unicellulaires aux créatures actuelles en passant par les dinosaures, la volonté de vivre est une force éternelle et parfaitement constante qu'on retrouve derrière tout ce qui est :

[…] la Volonté […] seule est immuable et absolument identique […].17

Jusqu'à présent, la pensée philosophique centrale de Schopenhauer est facile à comprendre. D'après le philosophe, tout être humain se doit de reconnaître qu'il veut continuer à vivre et que c'est également là le souhait de tous les organismes autour de lui, c'est-à-dire qu'il existe, premièrement, la « volonté de vivre », et que cette volonté est, deuxièmement, contrainte de devenir son propre cannibale pour exister, ce qui engendre nécessairement de la peine et des souffrances :

Mais jetons seulement, à ce point de vue, un regard sur le monde, ce monde de créatures toujours misérables, condamnées, pour vivre

> un instant, à se dévorer les unes les autres, à passer leur existence dans l'angoisse et le besoin, à endurer souvent d'atroces tortures jusqu'au moment où elles tombent enfin dans les bras de la mort [...].[18]

Or les animaux ne sont pas les seuls à s'infliger mutuellement des souffrances. Selon Schopenhauer, les êtres humains aussi se réduisent en esclavage, s'exploitent, se maltraitent, se torturent et s'entretuent depuis la nuit des temps. Ils sont même bien pires que les animaux, puisqu'ils ajoutent à cela l'usage de la raison, opprimant l'ensemble des autres espèces et les réduisant à l'état dégradant de produits manufacturés. L'égoïsme, telle est l'attitude fondamentale des hommes, qui se retrouvent nécessairement entraînés dans une « lutte de tous contre tous » :

> Le monde n'est qu'un enfer dans lequel les humains sont les âmes torturées, et aussi les diables.[19]

Schopenhauer multiplie les diatribes pour nous brosser le portrait, comme aucun autre philosophe ne l'a fait, de la sombre existence humaine et du chemin que nous sommes tous tenus d'emprunter, depuis notre conception par nos parents dans la volupté de l'acte sexuel jusqu'à notre pitoyable déclin dans la vieillesse :

Quelle différence entre notre commencement et notre fin ! [...] l'extase du plaisir sensuel [...] et l'odeur moisie des cadavres. La route qui les sépare va toujours en pente descendante [...] l'enfance rêveuse pleine de félicité, la jeunesse au cœur léger, la virilité laborieuse, la vieillesse fragile et souvent pitoyable, la torture de la dernière maladie, et finalement, l'agonie de la mort. L'existence ne semble-t-elle pas vraiment être un faux pas dont les conséquences deviennent peu à peu toujours plus évidentes ?[20]

Schopenhauer répond clairement « oui » à cette question. La vie est finalement un faux pas, une sorte d'accident évolutif, un caprice de l'univers, car la volonté aveugle, qui anime tout sur la planète, occasionne une souffrance à vie :

> Si nous nous représentons [...] la somme totale de misère, de douleur et de souffrances de toutes sortes visibles sous le soleil, nous devrons admettre qu'il aurait été de beaucoup préférable qu'il fût impossible au soleil de produire le phénomène de la vie sur terre, comme c'est le cas sur la Lune [...].[21]

Ainsi, il eût été préférable qu'aucune forme de vie n'apparaisse jamais sur Terre, car, comme le résume Schopenhauer, nous sommes tous forcés d'admettre

> que nous avons bien moins à nous réjouir qu'à nous affliger de l'existence du monde ; — que sa non-existence serait préférable à son existence [...].[22]

Cette conclusion radicale, selon laquelle il vaudrait mieux ne pas vivre ou ne jamais être venu au monde, a valu à Schopenhauer la réputation d'être le plus grand pessimiste et misanthrope de tous les temps. Il est vrai que le philosophe évitait au quotidien la compagnie et les rassemblements. Célibataire, il vécut la majeure partie de son existence en retrait, sous-louant un logement et travaillant comme chercheur indépendant. Il n'enseigna en public qu'une seule fois, à l'université de Berlin, alors qu'il était encore jeune professeur. Dans une volonté de provocation, il avait fait exprès de donner son cours à la même heure que Hegel, déjà très célèbre à l'époque. Quasiment personne n'était venu l'écouter, toutefois, et Schopenhauer, fâché, s'était détourné du monde universitaire.

Un maigre héritage de son père, mort prématurément, lui permit de mener une vie simple mais autonome, sans être obligé de « renier ses convictions », « ramper » et « flatter »[23] comme les professeurs de philosophie dépendant de leur salaire.

L'homme ne quittait son deux-pièces aménagé chichement que pour aller manger ou faire de longues balades avec son caniche, prénommé « Atma », ce qui signifie « âme du monde »[24] dans la tradition védique indienne. Quand il se fâchait contre l'animal, il l'appelait « Mensch », soit « Homme » en allemand !

Une autre scène caractéristique et souvent rapportée par ses biographes avait eu lieu dans le vestibule de son appartement, qu'il partageait avec sa voisine, Caroline Marquet, une couturière alors âgée de 47 ans. Ce jour-là, Schopenhauer s'était mis en colère car Mme Marquet discutait bruyamment avec trois amies. La dame ayant continué à papoter en dépit de ses plaintes réitérées, le philosophe l'avait insultée et poussée dans l'escalier. La voisine déclara avoir chuté et souffert d'un tremblement nerveux dans le bras par la suite. Elle porta plainte contre Schopenhauer qui fut condamné à lui verser 60 thalers de dommages et intérêts par an jusqu'à la disparition de ses symptômes. Le philosophe, furieux, avait répondu au juge que Mme Marquet serait suffisamment maligne pour faire en sorte que ses symptômes ne disparaissent jamais. La suite lui donna raison : l'homme, réputé pour être économe, dut lui verser les dommages et intérêts pendant vingt-sept ans. Quand il reçut enfin la copie de son acte de décès, il griffonna dessus en latin :

Obit anus, abit onus. (La vieille meurt, le fardeau disparaît.)[25]

À cause d'anecdotes de ce type et de sa philosophie radicalement pessimiste, on imagine bien trop vite Schopenhauer comme un vieillard farfelu qui aurait développé au fil des ans une profonde méfiance envers le genre humain. Pourtant, cette image est trompeuse, car étonnamment, sa vision sceptique du monde lui est venue alors qu'il était encore très jeune :

> Dans ma dix-septième année, alors que je n'avais suivi aucune formation universitaire, je fus saisi par le caractère misérable de la vie comme Bouddha dans ses jeunes années, lorsqu'il vit la maladie, la vieillesse, la douleur et la mort. [...] J'en conclus que ce monde ne pouvait avoir été l'œuvre d'un être bon, mais devait être celle d'un diable [...].[26]

Il n'était par exemple âgé que de vingt-trois ans quand il déclara au poète et écrivain allemand Wieland :

> La vie est une affaire fâcheuse, et je me suis résolu à en venir à bout et à y réfléchir.[27]

Fait extraordinaire dans l'histoire de la philosophie : Schopenhauer acheva son œuvre principale, *Le Monde comme volonté et comme représentation*, avant ses trente ans. Manifestement, sa vision pessimiste de la vie et du monde lui est donc venue très tôt. À seize ans, alors qu'il visitait le port de Toulon en France avec ses parents, il avait pour la première fois vu des galériens de près, enchaînés aux bancs de leurs embarcations, et avait été profondément impressionné par leur vouloir-vivre :

> [...] peut-on imaginer plus affreux sentiment que celui qu'éprouve un tel malheureux, enchaîné au banc de cette sombre galère dont seule la mort peut le détacher ![28]

Mais plus importante encore que cette expérience a sans doute été sa difficile relation avec sa mère. Après le décès prématuré de son père à la suite d'un accident ou d'un suicide, sa mère, Johanna Schopenhauer, romancière à succès, avait emménagé à Weimar, où elle ouvrit un salon d'artistes fréquenté notamment par Goethe, Wieland et les frères Schlegel. Là-bas, elle s'était adonnée à l'amour libre et avait mené une vie amoureuse très intense pour l'époque. Schopenhauer lui en fera le reproche à plusieurs reprises, mais c'est un autre sujet qui tournera au scandale entre eux, à savoir la vision pessimiste du monde du jeune Arthur, qui faisait régulièrement fuir les invités du salon d'artistes. Sa mère lui écrira dans une lettre : « Tu n'es pas sans esprit [...], mais tu es très incommodant et insupportable, et il m'est extrêmement pénible de vivre avec toi : [...] car tu ne parviens pas à maîtriser ta rage de tout vouloir mieux savoir que les autres. Tu irrites ainsi les gens autour de toi [...]. »[29] Elle finira par le déshériter et n'aura plus de contact avec lui par la suite.

Cette relation a-t-elle aussi eu un impact sur les réflexions philosophiques du jeune Arthur, et à quel point ? La réponse à cette question ne peut être que spéculative, mais ce qui est sûr, c'est que le jeune Schopenhauer a posé un regard austère et intègre sur la vie humaine. Sa pensée centrale est limpide et simple : nous sommes mus dans notre existence par la volonté de vivre, qui provoque des besoins et par conséquent des souffrances. Tout comme les bouddhistes, Schopenhauer parvient à la conclusion que « vivre, c'est souffrir » :

[...] toute biographie est une pathographie [...].³⁰

Mais il n'en reste pas là, car il ne serait pas philosophe si son constat n'avait donné lieu à des propositions subséquentes. Selon Schopenhauer, nous nous devons dans un premier temps d'accepter le monde et notre nature pour ce qu'ils sont réellement, c'est-à-dire une « volonté aveugle », ce qui améliore déjà notre condition. En effet, reconnaître que nous sommes animés par une force irréductible peut nous aider à affronter les caprices de l'existence de manière bien plus sereine. De plus, nous comprenons ce faisant intuitivement que les autres individus ne sont eux aussi que des victimes animées par cette force irréductible, par une seule et même volonté, et nous pouvons donc compatir à leur sort et à leurs souffrances. Nous pouvons même nous libérer brièvement de notre égoïsme instinctif grâce à cette compassion, la pitié, ainsi qu'en aidant autrui et en agissant de manière désintéressée.

Selon Schopenhauer, nous pouvons en outre réussir, dans un deuxième temps, à dire « non » à l'existence. Non pas en nous suicidant, mais en refusant entièrement notre nature pulsionnelle au moyen de l'art, de l'ascèse et de la méditation :

L'homme arrive à l'état d'abnégation volontaire, de résignation, de calme véritable et d'arrêt absolu du vouloir. [...] de [...] négation du vouloir-vivre.[31]

Mais qu'est-ce que ça signifie concrètement ? Comment puis-je dire « non » à l'existence et à quoi ressemble une vie ascétique ? Si l'existence n'est rien d'autre que la manifestation de la volonté aveugle et ne consiste qu'à s'entredévorer, comment puis-je y échapper ? L'ascèse peut-elle nous délivrer ? Et que nous apporte le pessimisme de Schopenhauer aujourd'hui ? Notre époque ne nous conseille-t-elle pas, au contraire, d'être optimiste et d'avoir des pensées positives ? Schopenhauer nous livre des réponses fascinantes et sans compromis.

La pensée centrale de Schopenhauer

Le monde n'est que ma représentation

L'œuvre principale de Schopenhauer, *Le Monde comme volonté et comme représentation*, commence par une phrase courte et simple :

> Le monde est ma représentation.[32]

Ce constat, simple d'apparence, est déjà une provocation en soi, car si le monde entier n'est que « ma représentation », cela signifie que je ne vois peut-être pas le monde tel qu'il est réellement, mais tel que je me le représente uniquement. C'est exactement le sens de cette phrase – toutes les choses que nous tenons pour objectives et réelles, nous ne les devons en réalité qu'à la représentation que nous en avons :

La pensée centrale de Schopenhauer

> Car affirmer que l'existence objective des choses est conditionnée par un sujet représentant, et par conséquent que le monde n'existe que comme représentation, ce n'est pas faire une hypothèse [...]. C'est la vérité la plus certaine et la plus simple [...].[33]

Le monde n'est donc composé pour commencer que des représentations que nous en avons. Le bûcheron qui doit abattre un arbre, par exemple, a une tout autre représentation de cet arbre que les enfants qui grimpent dessus ou les amoureux qui s'embrassent sous son feuillage la nuit. Un seul et même arbre et un seul et même monde sont perçus de manières très différentes :

> Le seul univers que chacun de nous connaisse réellement, il le porte en lui-même, comme une représentation qui est à lui [...].[34]

Voilà pourquoi nous parlons si souvent sans nous écouter les uns les autres et disons des choses comme « tu te fais peut-être des idées » ou « mais dans quel monde vis-tu ? ». Schopenhauer en tire une première conclusion :

> […] et quoique placé dans un même milieu, chacun vit dans un monde différent […]. […] tout ce qui existe pour l'homme […] n'existe […] que dans sa conscience. C'est évidemment la qualité de la *conscience* qui sera la qualité primordiale […].[35]

Mais quelle est donc la nature de cette conscience, et comment fonctionne-t-elle ? Pour appuyer sa théorie de la connaissance, Schopenhauer renvoie dans un premier temps à Emmanuel Kant, qu'il apprécie énormément et qui avait déjà prouvé avant lui que l'homme ne pouvait percevoir le monde que comme représentation, à travers un double filtre : celui de nos formes d'intuition conditionnées par l'espace et le temps, d'une part, et celui de nos catégories de pensée d'autre part. Tout ce que nous voyons, nous le classons toujours en effet selon un ordre chronologique, en déterminant l'éloignement des différents éléments dans l'espace et en leur attribuant une certaine logique, comme la causalité. L'ordre chronologique, d'abord : qu'on le veuille ou non, quelque chose a lieu maintenant, aura lieu demain ou a eu lieu hier ou il y a plus longtemps encore. De plus, nous percevons tout en trois dimensions dans l'espace : les choses sont situées à côté les unes des autres, derrière une autre chose, etc. Enfin, nous classons aussi ce que nous voyons selon des caractéristiques logiques : un arbre est par exemple en bois, grand, lourd, vert et en train de tomber parce que le bûcheron vient de lui donner un coup de hache. Selon Kant, toutefois, il est impossible de connaître « la chose en soi », c'est-à-dire de savoir à quoi ressemblerait « l'arbre en soi » ou « le monde en soi » dénués de nos filtres de connaissance. La chose en soi demeure un mystère, et Schopenhauer va encore plus loin que Kant :

> Les mystères derniers et fondamentaux, l'homme les porte dans son être intime, et celui-ci est ce qui lui est le plus immédiatement accessible.[36]

Ainsi, l'homme a non seulement une représentation du monde qui l'entoure, mais aussi une représentation de lui-même et de sa réalité charnelle ; or cette dernière nous fournit la preuve que derrière toutes les représentations conscientes du monde se cache une volonté universelle : la volonté de vivre. Par conséquent, nous pouvons très bien connaître l'essence intime des choses et du monde également, puisque le mystère du monde en soi nous est révélé par notre réalité charnelle, notre corps. En effet, à la différence des autres objets, nous ressentons notre réalité charnelle de deux manières :

> [...] d'une part comme représentation dans la connaissance phénoménale, comme objet parmi d'autres objets [...] ; et d'autre part, en même temps, comme [...] *Volonté*.[37]

Nous avons donc d'une part une représentation ordinaire de notre réalité charnelle, celle d'un « objet parmi d'autres objets » : nous voyons par exemple notre corps comme une penderie, c'est-à-dire un objet avec une certaine taille et un certain poids. D'autre part, contrairement à la penderie, nous ressentons également notre nature charnelle d'une « deuxième » manière, beaucoup plus intense et « immédiate », d'après Schopenhauer. À travers la faim, la soif, le désir sexuel et les besoins de toutes sortes, nous faisons l'expérience de notre être, dans sa réalité charnelle, comme être de pulsions et comme volonté :

Chacun a conscience qu'il est lui-même cette volonté, volonté constitutive de l'être intime du monde [...].[38]

Si nous parvenons ainsi, dans un premier temps, à déceler la volonté en nous-mêmes et à acquérir la certitude individuelle de son existence, alors nous pouvons, dans un deuxième temps, la reconnaître dans l'ensemble de la nature externe également :

Si [...] on partage ma conviction là-dessus, on pourra, grâce à elle, pénétrer l'essence intime de la nature entière, en embrassant tous les phénomènes que l'homme reconnaît, non pas immédiatement [...], mais seulement indirectement [...].[39]

En reportant la certitude immédiate que nous avons de notre propre volonté sur les autres individus, les animaux ainsi que sur l'environnement dans son ensemble, nous reconnaissons cette volonté dans le monde qui nous entoure comme étant une seule et même force :

Toute ma philosophie se résume dans cette expression : le monde est la connaissance de soi de la Volonté.[40]

Le monde réel : Une « *volonté aveugle* »

Selon Schopenhauer, derrière toutes les manifestations du monde – et, curieusement, derrière l'ensemble des forces et mouvements de la nature inorganique également – se trouve la volonté métaphysique, intemporelle, indivisible et universelle. Tout être humain peut réussir à voir

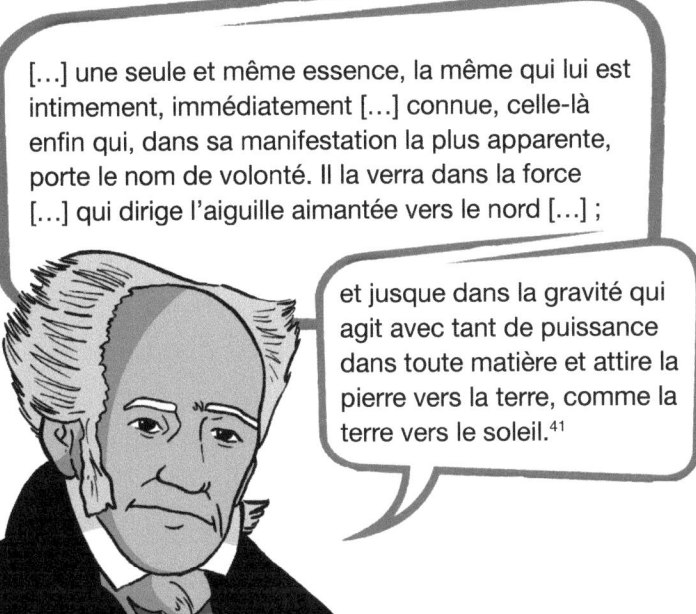

[...] une seule et même essence, la même qui lui est intimement, immédiatement [...] connue, celle-là enfin qui, dans sa manifestation la plus apparente, porte le nom de volonté. Il la verra dans la force [...] qui dirige l'aiguille aimantée vers le nord [...] ;

et jusque dans la gravité qui agit avec tant de puissance dans toute matière et attire la pierre vers la terre, comme la terre vers le soleil.[41]

Certes, le monde peut nous paraître très étrange et hétéroclite de prime abord, en raison des nombreuses représentations que nous en avons, mais un examen plus attentif montre qu'il ne se compose que de cette même impulsion sous-jacente perçue « *immédiatement* » en nous. Cette impulsion, nous la voyons déjà à l'œuvre dans les processus physiques. Plus nette encore dans les plantes, elle devient évidente dans le monde animal :

> [...] la nature animale nous témoigne donc manifestement que le vouloir-vivre est la note fondamentale de son être, sa seule propriété immuable et absolue.⁴²

Les humains bipèdes que nous sommes n'ont certes pas le même aspect que les animaux, et nous sommes aussi parfois très différents individuellement en termes de caractère, mais en fin de compte, c'est le même rouage qui anime chacun de nous. D'après la perspective de Schopenhauer, nous ne serions que des « marionnettes » dans l'immense théâtre du monde. Pas des marionnettes animées par une force extérieure cependant, comme celle d'un dieu ou d'un marionnettiste divin, mais par notre propre rouage interne :

> C'est pourquoi j'ai dit que ces marionnettes ne sont pas maniées du dehors, mais portent chacune en elles le rouage qui commande leurs mouvements. Ce rouage, c'est le *vouloir-vivre* [...].⁴³

Les êtres humains, les aimants, les plantes et les animaux sont tous équipés du même rouage :

[...] l'homme est, comme tout autre être de la nature, une manifestation de la volonté [...].⁴⁴

Millénaires après millénaires, la volonté a donné une forme extérieure à l'essence intime de l'homme et à ses pulsions :

[...] les dents, l'œsophage et le canal intestinal sont la faim objectivée ; de même, les parties génitales sont l'instinct sexuel objectivé ; [...].⁴⁵

On note toutefois une particularité d'après Schopenhauer, ou du moins, une différence de degré qui, à partir d'un certain moment de l'évolution, a fait émerger l'homme du reste de la nature : l'apparition, très tardive à l'échelle de l'histoire de la planète, de la conscience. En effet, contrairement aux forces physiques, à la plante ou à l'animal, l'homme est capable de reconnaître en lui le rouage qui l'anime :

[...] l'homme est, de toutes les formes visibles prises par la volonté, la plus parfaite [...]. En l'homme donc, la volonté peut parvenir à une [...] connaissance de son propre être [...].[46]

Cependant, cette connaissance de notre être qui nous fait savoir que nous sommes tous animés par la volonté aveugle n'est pas une qualité susceptible en elle-même de nous délivrer ou de changer radicalement notre existence. Malgré cette conscience de nous, nous sommes obligés, à l'instar des animaux, de continuer à boire et manger, et nous sommes régis par des pulsions sexuelles au service de la reproduction. La conscience en effet ne nous libère pas, mais est un simple serviteur, une sorte d'outil de la volonté visant à satisfaire ses instincts de manière plus ingénieuse :

[...] la Volonté [...] a engendré la conscience conformément à ses propres fins.[47]

La conscience ou l'entendement n'est donc qu'une chose secondaire, engendrée par la volonté afin de mieux réaliser son vouloir. Pour cette raison, Schopenhauer compare aussi l'entendement à un marteau dont, tel un forgeron, la volonté se sert comme outil pratique, et qui se manifeste principalement lorsque les instincts se font entendre et désirent quelque chose :

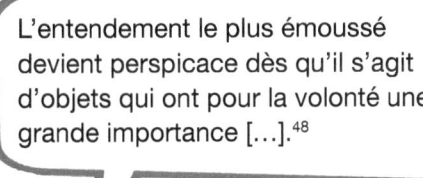

L'entendement le plus émoussé devient perspicace dès qu'il s'agit d'objets qui ont pour la volonté une grande importance [...].[48]

L'entendement est donc un instrument qui n'est pas du tout apparu dans la nature au départ, jusqu'à ce qu'il soit engendré par la volonté :

> Mais, dès que cet auxiliaire [...] est intervenu, le monde comme représentation surgit tout à coup, avec toutes ses formes [...]. Le monde se manifeste alors sous sa seconde face. Jusqu'ici il était uniquement *volonté*, maintenant il est aussi *représentation*.[49]

L'apparition de l'entendement a quelque peu aidé l'homme à mieux répondre à ses désirs, par exemple en lui permettant de poser des pièges, de chasser avec ruse et perfidie et de construire des maisons et des ponts, mais, plus largement, elle a aussi été un poids pour l'existence de l'homme, qui s'est subitement représenté sa propre mort :

> Excepté l'homme, aucun être ne s'étonne de sa propre existence [...].

> Son étonnement est d'autant plus sérieux que, pour la première fois, elle [l'essence intime de la nature] s'approche de la mort avec une pleine conscience, et qu'avec la limitation de toute existence, l'inutilité de tout effort devient pour elle [...] évidente.[50]

En fin de compte, l'entendement engendré par la volonté aveugle en guise d'outil n'est pas une libération, mais un fardeau à double titre pour l'existence humaine : d'une part, il fait comprendre à l'homme qu'il va mourir, qu'il le veuille ou non ; d'autre part, il assombrit et remet en question toutes les choses que l'individu aura accomplies jusqu'à sa mort.

Les six souffrances résultant de la volonté aveugle

La volonté aveugle de vivre condamne l'homme à souffrir immédiatement du monde de six manières. Premièrement, nous souffrons de nos besoins fondamentaux, car la faim, la soif et le désir sexuel sont ressentis comme un « manque » d'après Schopenhauer. Quand nous avons soif par exemple, notre corps nous fait ressentir son manque de liquide avec douleur :

Tout vouloir procède d'un besoin, c'est-à-dire d'une privation, c'est-à-dire d'une souffrance. La satisfaction y met fin ; mais pour un désir qui est satisfait, dix au moins sont contrariés [...].[51]

Et quand bien même nous réussirions momentanément à satisfaire tous nos désirs, nous souffrons deuxièmement du retour de ces besoins, car le repas comme l'acte sexuel n'accordent qu'un bref moment de répit, une satisfaction temporaire, jusqu'à la prochaine manifestation de nos pulsions :

La pensée centrale de Schopenhauer

> [...] le désir satisfait fait place aussitôt à un nouveau désir [...]. La satisfaction d'aucun souhait ne peut procurer de contentement durable et inaltérable.

> C'est comme l'aumône qu'on jette à un mendiant : elle lui sauve aujourd'hui la vie pour prolonger sa misère jusqu'à demain.[52]

Ainsi, la volonté aveugle nous condamne à un désir sans fin et à une agitation constante :

> [...] un contentement durable, qui apaise son désir complètement et pour jamais, c'est là ce qu'elle ne goûtera point. Elle est le tonneau des Danaïdes [...].[53]

Avec le « tonneau des Danaïdes », Schopenhauer convoque une image de la mythologie grecque, celle des filles du roi Danaos, condamnées par Zeus à remplir éternellement d'eau un tonneau sans fond pour avoir tué leurs maris lors de leur nuit de noces. La volonté aveugle ressemble à ce « tonneau des Danaïdes », puisqu'elle aussi demande constamment de nouveaux aliments et de nouveaux plaisirs, sans que nous ne soyons jamais en mesure de la contenter éternellement. On pourrait objecter que le retour incessant de la faim, de la soif et du désir sexuel est aussi une bonne chose, puisque c'est précisément ce retour qui nous permet de connaître des plaisirs répétés et jamais taris ; Schopenhauer critique cependant cette objection avec véhémence :

> Celui qui voudrait éprouver l'affirmation selon laquelle le plaisir outrepasse la douleur dans le monde, ou du moins que les deux s'équilibrent, devrait comparer les sentiments de l'animal qui en dévore un autre avec ceux de celui qui est dévoré.[54]

Troisièmement, nous souffrons de l'individuation de la volonté aveugle dans chaque créature, car les différents organismes présents sur Terre se retrouvent nécessairement dans une lutte pour l'existence, une guerre de tous contre tous :

> Ainsi, partout dans la nature, nous voyons lutte, combat et alternative de victoire, et ainsi nous arrivons à comprendre plus clairement le divorce essentiel de la volonté avec elle-même. Chaque degré de l'objectivation de la volonté dispute à l'autre la matière, l'espace et le temps [...].[55]

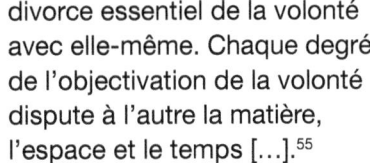

La volonté se dispute donc la matière, l'espace et le temps sous forme de millions de plantes, d'animaux et d'êtres humains. Les plantes qui poussent trop densément font de l'ombre aux autres, luttant pour l'espace, accaparant toute la lumière du soleil jusqu'à ce qu'une plante située dessous s'affaiblisse et périsse. Les animaux, eux, mangent des plantes et d'autres organismes pour se maintenir en vie.

Mais le plus brutal d'entre tous, c'est l'homme, qui a soumis l'ensemble de la nature et l'a transformée en produit manufacturé, allant jusqu'à faire pousser des légumes dans des serres et à enfermer des animaux vivants dans des enclos et des étables :

[...] de sorte que la volonté de vivre [...], sous les diverses formes qu'elle revêt, constitue sa propre nourriture. Enfin la race humaine, qui est arrivée à se soumettre toutes les autres, considère la nature comme une immense fabrique répondant à la satisfaction de ses besoins, et finit par manifester en elle [...], et cela de la façon la plus évidente, ce divorce de la volonté ; dès lors se vérifie l'adage *homo homini lupus*.[56]

Schopenhauer utilise ici la célèbre phrase du philosophe anglais Thomas Hobbes : « L'homme est un loup pour l'homme ». Les êtres humains se battent en effet, sous la forme des peuples, pour obtenir des terres fertiles et productives, et luttent également entre eux pour leurs avantages personnels. On le voit dans les « guerres », « l'esclavage des nègres » et, en particulier, dans l'exploitation des êtres humains par d'autres êtres humains dans les usines, où les travailleurs doivent « exécuter le même travail mécanique » pendant des heures contre une faible somme d'argent :

Eh bien, ce sort est celui de millions d'individus […].[57]

Étant donné que tous les êtres vivants sont tributaires de leur métabolisme, respirent, mangent, boivent et que leur attitude fondamentale est donc l'appropriation, il est impossible d'échapper à la structure cannibale du monde, car tout se dévore mutuellement :

Au fond, la raison en est que la volonté doit se nourrir d'elle-même, puisque, hors d'elle, il n'y a rien, et qu'elle est une volonté affamée. De là cette chasse, cette anxiété et cette souffrance qui la caractérisent.[58]

Schopenhauer nous fournit ensuite de nombreux exemples drastiques et parlants de la « volonté affamée » à l'œuvre sur Terre. Il décrit notamment des araignées qui dévorent les mâles après la fécondation, des insectes qui injectent leurs œufs dans d'autres insectes de sorte que les larves dévorent ces derniers de l'intérieur après avoir éclos, et des tortues géantes

> qui, au sortir de la mer, prennent ce chemin pour aller déposer leurs œufs ; elles sont alors assaillies par des chiens sauvages (canis rutilans), qui, réunis en troupes, les renversent sur le dos, leur arrachent la carapace inférieure, les petites écailles du ventre, et les dévorent ainsi toutes vivantes [...]. Cette désolation se répète des milliers et des milliers de fois, d'année en année. Est-ce pour cela que naissent donc ces tortues ?[59]

Mais l'exemple le plus impressionnant de l'individuation et de la lutte de la volonté « affamée » et « aveugle » contre elle-même nous est donné avec la description de la fourmi-bouledogue :

> Dans ce genre, la fourmi-bouledogue d'Australie présente un exemple frappant : lorsqu'on la coupe en deux, une lutte s'engage entre la tête et la queue ; celle-là commence à mordre celle-ci, qui se défend bravement avec l'aiguillon contre les morsures de l'autre ; le combat peut durer une demi-heure, jusqu'à la mort complète, à moins que d'autres fourmis n'entraînent les deux tronçons. Le fait se renouvelle chaque fois.[60]

Schopenhauer cite de nombreux phénomènes naturels qui montrent que la volonté, dès lors qu'elle se manifeste sous une forme singulière, se réalise en elle de façon aveugle et impitoyable. Dans le cas de la fourmi coupée en deux, elle va jusqu'à mener son combat égoïste entre deux moitiés auparavant liées. Bien sûr, les sociétés animales et humaines prennent aussi soin de leurs petits et connaissent d'autres formes de comportement social,

> Mais pris en bloc [...] : le monde est mauvais. Les sauvages s'entre-dévorent, les civilisés s'entre-trompent : voilà ce qu'on appelle le cours du monde.[61]

La quatrième grande source de souffrance, c'est l'inquiétude concernant l'avenir. Il s'agit là d'une souffrance spécifiquement humaine, puisque les plantes et les animaux ne craignent pas les misères de l'âge ou les menaces pesant sur leur futur :

> L'animal est l'incarnation du présent [...]. C'est cette COMPLÈTE ABSORPTION DANS LE MOMENT PRÉSENT, particulière aux animaux, qui contribue tellement au plaisir que nous procure [sic] nos animaux domestiques.[62]

Quand un animal a suffisamment bu et mangé, il n'est plus que contentement et sérénité, alors que l'homme, lui, pense déjà au lendemain et s'inquiète du prochain moment où il aura faim. De plus, un souci majeur vient toujours lui compliquer l'existence, que ce soit un désir inassouvi ou la crainte de la pauvreté et de la maladie :

[...] quand un grand et cuisant souci vient de prendre fin, par exemple par suite d'un heureux succès, quand nous avons un poids de moins sur le cœur, aussitôt quelque autre souci vient occuper la place [...].[63]

Même si, objectivement, le contenu de cet autre souci est bien plus insignifiant que la matière du précédent,

> toutefois, en se gonflant beaucoup, il finit par faire le même volume et il occupe fort décemment le trône, en qualité de souci dominant.[64]

Chaque fois qu'un « souci dominant » disparaît, un autre s'installe donc rapidement sur le trône. Le fait que l'homme s'inquiète de façon générale pour son avenir incarne ainsi la quatrième grande souffrance du monde. Assez ironiquement, la cinquième source de souffrance apparaît précisément dès qu'un individu n'a plus de soucis. Si, par exemple, un père de famille parvient à assurer tous ses futurs besoins éventuels ainsi que ceux de sa femme et de ses enfants pour toute la vie, voire à leur garantir l'opulence, il est certes « libéré de ses soucis », mais une menace d'un genre nouveau le guette désormais : l'ennui. Le danger de l'ennui tient dans le fait qu'on n'est plus occupé. L'existence se retrouve dès lors livrée à elle-même et n'a tout à coup plus aucun objectif concret. Les soucis qui ne laissaient auparavant aucun répit font place à un calme étrange et angoissant, et le temps ne passe plus :

La pensée centrale de Schopenhauer

> De même nous avons conscience du temps dans les moments d'ennui, non dans les instants agréables. Ces deux faits prouvent que la partie la plus heureuse de notre existence est celle où nous la sentons le moins ; d'où il suit qu'il vaudrait mieux pour nous ne pas la posséder.[65]

L'existence réalise alors douloureusement que son seul et unique but consiste dans le pénible maintien du même, et qu'elle n'en connaît aucun autre :

> Après le BESOIN et le MANQUE, on trouve immédiatement L'ENNUI, qu'éprouvent eux-mêmes les animaux les plus intelligents. Cela vient de ce que la vie n'a pas de VALEUR INTRINSÈQUE VÉRITABLE [...].[66]

Schopenhauer fait ici remarquer que « les animaux les plus intelligents » sont eux aussi frappés par l'ennui, ce qui est vrai : les animaux des zoos, qui n'ont plus besoin de se soucier de leur survie quotidienne, souffrent fréquemment de l'ennui, devenant neurotiques ou apathiques. L'ennui explique pourquoi les êtres humains craignent souvent le jour de leur retraite, et pourquoi, se mettant à paniquer dès leur plus jeune âge, de nombreuses personnes s'arrangent pour être sans arrêt occupées en prévoyant de nombreuses activités :

Dès que cela cesse, la pauvreté et le vide de l'existence deviennent apparents.[67]

Cet état de « pauvreté et [de] vide de l'existence » vécu dans la souffrance montre une fois de plus, d'après Schopenhauer, que la vie ne possède aucune valeur en soi et est exclusivement mue par la volonté aveugle :

> En effet, si la vie [...] avait une valeur positive, une valeur intrinsèque véritable en elle-même, il ne pourrait pas y avoir d'ennui [...].[68]

Impossible donc d'échapper à la souffrance, car soit nous poursuivons vainement la satisfaction de nos besoins, soit nous parvenons à les satisfaire et sombrons dans l'ennui :

> [...] entre la douleur et l'ennui, la vie oscille sans cesse.[69]

Même les joies de l'amour tant louées par les poètes n'apportent pas de réel soulagement, car l'amour n'est finalement qu'une promesse illusoire lui aussi :

> Toute passion, en effet, quelque apparence éthérée qu'elle se donne, a sa racine dans l'instinct sexuel [...].[70]

Or l'instinct sexuel sert aussi principalement la préservation de l'espèce. Il pousse certes également l'homme à se marier, mais d'après Schopenhauer, la femme perdrait son charme au plus tard après la naissance de ses enfants, et l'illusion de l'amour se dissiperait dès lors rapidement,

> [...] devenant pour [l'homme] une source de grande souffrance et de peu de plaisir.[71]

Le mariage ne constitue cela dit qu'une scène secondaire dans la tragi-comédie de l'existence. La sixième souffrance, et peut-être la plus grande, c'est la mort, et par conséquent le fait que

La pensée centrale de Schopenhauer

la vie [...] n'est qu'une agonie sans cesse arrêtée, une mort d'instant en instant repoussée [...].[72]

La mort remet en question l'ensemble de nos actions, car quoi que nous fassions et réussissions, nous ne vivons toujours qu'à crédit ; or ce crédit qu'est le temps de vie fond sans arrêt :

Chaque soir nous sommes plus pauvres d'un jour.[73]

Ce fardeau, nous ne le ressentons pas encore dans l'enfance, lorsque nous nous tenons face à notre existence à peine entamée comme face à un grand rideau de théâtre, attendant avec joie et impatience de découvrir ce qui apparaîtra quand le rideau se lèvera :

59

C'est une bénédiction que de ne pas savoir ce qui va arriver réellement.⁷⁴

Même les adolescents sont encore tout à fait capables de refouler la mort et de la maintenir éloignée de leurs pensées :

La gaieté et la vaillance de notre jeunesse tiennent aussi en partie à ce que, gravissant la colline de la vie, nous ne voyons pas la mort installée au pied de l'autre versant.⁷⁵

Cependant, d'après Schopenhauer, nous franchissons le sommet de la colline à trente-six ans seulement, distinguant toujours un peu plus nettement ce qui nous attend sur l'autre versant. Avec son langage imagé, le philosophe compare les hommes et leurs projets de vie à des bateaux qui mettent les voiles pleins d'espoir, et se lancent en mer pour découvrir de nouvelles terres et obtenir pouvoir, gloire et honneurs au retour :

> Mais en règle générale chacun finit par rentrer au port avec son vaisseau désemparé, après avoir fait naufrage. Peu importe, après tout, s'il a été heureux ou malheureux, dans une vie qui a seulement consisté en un présent sans durée, et qui maintenant est finie.[76]

Ainsi, nous rentrons tous au port un jour ou l'autre avec nos mâts brisés et nos voiles en lambeaux. Que notre expédition ait été couronnée de succès ou non n'a plus aucune importance, car quelque acharnés qu'aient été nos efforts, la mort nous attend tous à la fin :

> En règle générale, c'est là le cours de la vie de l'homme ; trompé par l'espérance, il danse dans les bras de la mort.[77]

Pour résumer, la volonté aveugle nous fait donc souffrir de six manières : premièrement, nous pourchassons sans cesse nos besoins ; deuxièmement, ces besoins reviennent constamment ; troisièmement, nous nous inquiétons également de nos futurs besoins ; quatrièmement, la volonté individuée nous entraîne dans une guerre de tous contre tous ; cinquièmement, nous oscillons entre la misère et l'ennui ; sixièmement, la mort obscurcit notre vouloir-vivre.

La volonté aveugle dans l'Histoire

De la même manière que la volonté aveugle se réalise dans chaque individu, elle se déploie aussi dans l'Histoire :

> Si l'on essaie d'embrasser d'un seul regard l'humanité dans son ensemble, on voit partout une lutte incessante, un combat acharné pour la vie et l'existence, à la fois pleinement physique et pleinement intellectuel [...].[78]

L'évolution de l'Histoire ne laisse finalement entrevoir aucun progrès réel, car la volonté aveugle débouche, à des intervalles réguliers au fil des siècles, sur des conflits, de l'oppression et des soulèvements :

> L'Histoire nous montre la vie des nations et ne peut y trouver rien d'autre que guerres et insurrections. Les années de paix y apparaissent çà et là comme de courtes pauses, comme des intervalles entre les actions.[79]

On peut se demander pourquoi la paix n'est qu'une exception et n'apparaît que « çà et là », pour reprendre les mots de Schopenhauer. Après tout, les êtres humains ne pourraient-ils pas tirer des leçons de leurs souffrances ? Schopenhauer se pose aussi cette question, mais demeure pessimiste. Chaque époque connaît certes quelques sages en mesure de tirer des leçons de l'Histoire, mais ces sages ont peu d'influence, voire aucune :

> En somme, les sages de tous les temps ont [...] toujours dit la même chose, et les sots, c'est-à-dire l'incommensurable majorité de tous les temps, ont toujours fait la même chose, à savoir le contraire. Et il en sera toujours ainsi.[80]

Comme la majorité des individus fait toujours le contraire de ce qui est conseillé par les sages, il ne peut y avoir de réel progrès, car l'égoïsme et les querelles des hommes sont trop forts. Même l'État, salué par de nombreux théoriciens politiques comme un progrès, dans la mesure où il pousse les individus à renoncer à la violence et apporte la paix, n'est pas un véritable garant d'harmonie d'après Schopenhauer :

> [...] la discorde entre les individus ne saurait être entièrement dissipée par l'État ; enlevez-lui ses principaux champs d'action, elle se rattrapera sur des querelles de détail [...].[81]

La lutte perpétuelle qui accompagne l'humanité depuis la nuit des temps trouve son expression mythologique chez Éris, déesse antique de la discorde, que Schopenhauer considère comme immortelle et qu'aucune loi ni règle dictée par la raison ne pourra d'après lui jamais faire disparaître :

> [...] il n'y aura plus de conflits individuels, le gouvernement les ayant bannis ; mais les conflits reviendront du dehors, sous forme de guerres entre peuples ; et la discorde exigera en gros [...] la dîme sanglante [...].[82]

Pour Schopenhauer, même si nous parvenions contre toute attente à tirer des leçons de l'Histoire dans les prochains siècles et à interdire toutes les guerres, cela ne permettrait pas d'échapper à la souffrance :

> Et puis, enfin, mettons que tous ces maux, grâce à une sagesse qui serait l'expérience accumulée de cent générations, fussent vaincus et écartés, alors, comme dernier résultat, on aurait un excès de population encombrant toute la planète, et les maux effroyables qui naîtraient de là, c'est à peine si une imagination audacieuse arriverait à les concevoir.[83]

Cet avertissement contre les « maux effroyables » liés à la surpopulation montre une fois de plus le pessimisme de Schopenhauer, mais aussi la justesse étonnante avec laquelle il a estimé le pouvoir de la volonté aveugle. La menace d'un « excès de population encombrant toute la planète » qu'il prédit ici s'est en effet concrétisée depuis, se traduisant par des famines, des flux migratoires, la destruction de l'environnement et des guerres pour les matières premières, l'eau et les territoires. Le fait que Schopenhauer soupçonne la race humaine d'avoir toujours fait, dans son histoire, le contraire de ce que préconisaient les sages est particulièrement inquiétant à cet égard.

Rappelons qu'en 1972 déjà, le club de Rome avait alerté avec insistance, dans sa célèbre étude intitulée *Les limites à la croissance*, sur le fait qu'une poursuite de la croissance démographique et économique conduirait à un effondrement écologique, et en avait donc appelé à une politique démographique durable. Or, c'est le contraire qui s'est produit : depuis l'avertissement des scientifiques en 1972, l'humanité est passée de 3,8 à 7,3 milliards d'individus et devrait atteindre le seuil des 10 milliards d'ici 2050 d'après l'ONU. Selon Schopenhauer, l'instinct sexuel est une objectivation si profonde et violente de la volonté aveugle qu'il est impossible de le refréner, même à long terme.

Le grand adversaire philosophique de Schopenhauer, Hegel, considérait pour sa part encore l'Histoire comme une forme de développement supérieur, moral, sage et permanent des peuples et des cultures. Schopenhauer lui répond que, s'il en était véritablement ainsi, alors on devrait déjà pouvoir s'en rendre compte d'une manière ou d'une autre :

[...] la doctrine souvent remise en avant d'un développement progressif de l'humanité dans le sens d'une perfection toujours croissante [...]

> contredit une vérité qui se révèle à nous a priori, à savoir qu'à une date donnée quelconque une infinité de temps s'est déjà écoulée et que, par conséquent, tout ce qui devait venir avec le temps devrait déjà être arrivé [...].[84]

Selon Schopenhauer cependant, on ne constate à ce jour aucun progrès réel en matière de politique, de morale ou de mœurs, comparé à la barbarie des premiers temps et de tous leurs rituels. Politesse et étiquette sont certes louées comme une forme de développement supérieur, mais Schopenhauer ne voit pas de différence essentielle entre les danses sauvages pratiquées dans la forêt vierge et les festivités des cours princières et royales :

> La pompe et la magnificence des grands, à travers leurs parades et leurs fêtes, n'est [sic] au fond qu'un vain effort pour triompher des misères inhérentes à notre existence.[85]

Riches comme pauvres, personne n'échappe en fin de compte aux « misères inhérentes à notre existence », et l'Histoire ne promet aucune amélioration dans le futur :

> La vraie philosophie de l'histoire revient à voir que sous tous ces changements infinis, et au milieu de tout ce chaos, on n'a jamais devant soi que le même être, identique et immuable, occupé aujourd'hui des mêmes intrigues qu'hier et que de tout temps […].[86]

> Partout et toujours le vrai symbole de la nature est le cercle […]. [87]

Ainsi, nous tournons en rond, et notre entendement, objectivation de la volonté aveugle, ne peut ni influencer, ni améliorer l'Histoire. Des peuples, des cultures et des hommes apparaissent, vivent un certain temps puis disparaissent, et de nouveaux peuples et individus naissent de leurs cendres :

Un individu […], une vie humaine, cela n'est qu'un rêve très court de l'esprit infini qui anime la nature, de cette opiniâtre volonté de vivre […] sur sa toile sans fin, l'espace et le temps, pour l'y laisser durant un moment — moment qui, au regard de ces deux immensités, est un zéro — puis l'effacer et faire ainsi place à d'autres.[88]

La volonté aveugle et Dieu

Mais pourquoi la volonté aveugle fait-elle ça ? Pourquoi au juste se réalise-t-elle dans l'être humain ainsi que dans tous les autres organismes si cela n'a aucun but, aucun objectif ? Et, surtout, pourquoi met-elle en œuvre sur toute la planète ce cannibalisme qui pousse plantes, animaux et hommes à s'entredévorer ? Schopenhauer se pose aussi cette question :

Pourquoi toutes ces scènes d'horreur ? Il n'y a à cette question qu'une seule réponse : ainsi s'objective le vouloir-vivre.[89]

Impossible d'obtenir plus que ce constat, à savoir que la volonté se réalise ainsi et pas autrement. Selon Schopenhauer, les hommes ont cependant du mal à accepter cette vérité toute simple et cherchent depuis toujours une plus belle explication :

> De là vient que l'esprit de l'homme […] se fait encore […] un monde imaginaire […]. L'homme se fabrique, à sa ressemblance, des démons, des dieux, des saints ; puis il leur faut offrir sans cesse sacrifices, prières […], vœux, accomplissements de vœux […].[90]

Selon Schopenhauer, tout individu a besoin en effet de donner un sens global aux choses :

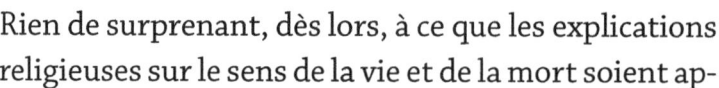

> Les temples et les églises, les pagodes et les mosquées, dans tous les pays […], témoignent de ce besoin métaphysique de l'homme […].[91]

Rien de surprenant, dès lors, à ce que les explications religieuses sur le sens de la vie et de la mort soient apparues en même temps que la conscience. La réponse réconfortante proposée par la Bible et le Coran est en fin de compte la même : l'être humain n'est pas forcé de mourir, mais continuera à vivre dans l'au-delà s'il a la foi. Les religions affirment qu'un dieu bon et tout-puissant a créé le monde pour mettre l'homme à l'épreuve et le récompenser plus tard par la vie éternelle. Or, selon Schopenhauer, ces explications ont toujours posé un problème, celui de la « théodicée » : les religions sont finalement incapables d'expliquer pourquoi le dieu créateur bon et tout-puissant a créé la souffrance, les maladies et les catastrophes naturelles. « Théodicée » est un mot forgé sur les racines grecques « theos » (dieu) et « dike » (justification) et désigne la tentative de justifier le mal créé ou permis par Dieu.

La dernière grande tentative de théodicée a été réalisée par le philosophe allemand Leibniz dans sa célèbre théorie du « meilleur des mondes possibles » : d'après Leibniz, Dieu aurait certes créé le monde avec les maladies, la mort, la souffrance et même la possibilité de commettre une faute morale, mais il s'agirait du meilleur des mondes possibles qu'il pouvait créer, car sans la maladie nous n'apprécierions pas la santé, sans la guerre nous n'apprécierions pas la paix et sans le Mal nous n'apprécierions pas le Bien. Schopenhauer qualifie Leibniz de « fondateur [...] de l'optimisme systématique »[92] en raison de cette théorie et le critique avec véhémence. Parler du meilleur des mondes possibles et d'un chef-d'œuvre divin serait, compte tenu de la réalité du monde, une absurdité criante :

> Et c'est ce monde, ce rendez-vous d'individus en proie aux tourments et aux angoisses, qui ne subsistent qu'en se dévorant les uns les autres, où, par suite, chaque bête féroce est le tombeau vivant de mille autres animaux [...], où ensuite avec la connaissance s'accroît la capacité de sentir la souffrance, jusque dans l'homme où elle atteint son plus haut degré [...] — c'est ce monde auquel on a voulu ajuster le système de l'optimisme et qu'on a prétendu prouver être le meilleur des mondes possibles ! L'absurdité est criante.[93]

Schopenhauer oppose abruptement sa théorie personnelle à celle de Leibniz, à savoir que le monde ne serait pas le meilleur, mais au contraire le pire des mondes possibles :

> Or ce monde a été disposé tel qu'il devait être pour pouvoir tout juste exister : serait-il un peu plus mauvais, qu'il ne pourrait déjà plus subsister.[94]

Ainsi, le monde est juste assez mauvais pour que nous puissions encore le supporter d'une quelconque manière. Serait-il légèrement pire que nous ne pourrions plus y vivre. Schopenhauer était un athée convaincu et critiquait la théorie religieuse qui voit l'ensemble des souffrances terrestres comme une épreuve ou une punition divine. S'il en était véritablement ainsi, alors il faudrait également expliquer pourquoi Dieu a toujours puni si durement les animaux.

Selon Schopenhauer, toute théodicée voulant expliquer les souffrances terrestres est vouée à l'échec, car un dieu bon et tout-puissant ne peut pas être en même temps responsable de la souffrance. S'il a créé la souffrance, alors il doit aussi en assumer la responsabilité. Schopenhauer préfère pour cette raison le mythe de la création hindou :

> BRAHMA produit le monde à travers une sorte de péché originel, mais lui-même y demeure afin de l'expier jusqu'à ce qu'il s'en soit racheté. Très bien ![95]

En comparaison, le mythe de la création de l'Ancien Testament lui paraît « insupportable » :

> Mais un tel dieu [...] qui engendre ce monde de misère et de souffrance [...] et applaudit ensuite lui-même son œuvre [en déclarant que] cela était très bon : I. Moïse, I, 31 — C'est insupportable.[96]

Schopenhauer reproche finalement à tous les mythes religieux de la création leur caractère spéculatif. L'origine humaine des descriptions du Paradis et de l'Enfer lui semble par exemple claire, et cela vaut également pour la plus célèbre et brillante description de l'Enfer que la Terre ait connue, celle de la *Divine Comédie*, rédigée en 1321 par le poète italien Dante Alighieri qui se serait inspiré de modèles bien trop humains :

Et d'ailleurs, d'où est-ce que Dante a tiré les éléments de son *Enfer*, sinon de ce monde réel lui-même ? Pourtant il en a fait un *Enfer* fort présentable. Mais quand il s'est agi de faire un *Ciel*, d'en dépeindre les joies, alors la difficulté a été insurmontable ; notre monde ne lui fournissait point de matériaux.[97]

La description que donne Dante du Ciel, qui se résume à quelques citations d'anciens Pères de l'Église, fait pâle figure comparée à son Enfer si vivant. Adolescent déjà, Schopenhauer notait dans son carnet de voyage :

> Si c'est un dieu qui a fait le monde, alors je n'aimerais pas être ce dieu, car la misère du monde me déchirerait le cœur.[98]

En tant qu'athée, Schopenhauer s'est bien sûr aussi demandé quel était le sens de la vie si Dieu n'existait pas. Sa réponse est sans équivoque :

> Quant au but de toute cette tragi-comédie, on n'en a pas la moindre idée, car elle n'a pas de spectateurs, et les acteurs eux-mêmes, à côté d'un maigre plaisir [...], sont condamnés à endurer des tourments infinis.[99]

Impossible, donc, de connaître le sens de toute la tragi-comédie de notre existence puisque celle-ci n'a aucun spectateur. Ni Dieu, ni le Diable, ni quelque extraterrestre que ce soit pour regarder ou avoir mis tout cela en scène, et les acteurs que nous sommes

La pensée centrale de Schopenhauer

sont contraints de jouer leur douloureux rôle toute leur vie. Cependant, nous ne sommes tenus de remercier personne non plus, et encore moins un dieu créateur, contrairement à ce que prêchent théologiens et prêtres du haut de leur chaire :

Le médecin voit l'homme dans toute sa faiblesse ; le juriste dans toute sa méchanceté ; le théologien dans toute sa bêtise.[100]

Nous n'avons pas le droit de laisser la religion nous abêtir. Vivre, c'est souffrir : aucun dieu créateur ne peut nous en consoler, et aucun mauvais esprit ou diable en être blâmé. Nous ignorons pourquoi la volonté de vivre métaphysique se réalise en nous, nous savons simplement qu'elle le fait.

[...] ainsi s'objective le vouloir-vivre.[101]

Cependant, si nous avons la force de le reconnaître et de voir le monde et notre nature pour ce qu'ils sont réellement, un « vouloir aveugle » sans signification supérieure, nous serons bien plus à même d'affronter les défis de l'existence.

La pitié, fondement de l'éthique

Comme tous les grands philosophes, Schopenhauer a également développé une éthique, c'est-à-dire un enseignement sur la façon d'agir de manière juste et bonne. À première vue, cela paraît impossible. Comment bien agir en effet d'un point de vue éthique si nous sommes sans cesse mus par la « volonté affamée » ? Schopenhauer n'a-t-il pas lui-même décrit avec force détails l'égoïsme comme étant l'attitude fondamentale de l'être humain, et la relation des individus entre eux comme un combat de tous contre tous ?

Si le philosophe s'en tient à cette représentation, il montre aussi comment agir de manière désintéressée au moins de temps à autre. Il s'agit d'une déduction logique de sa métaphysique de la volonté : si l'être humain reconnaît dans le reste du vivant la même volonté universelle qui l'anime également, il agit de manière désintéressée et bonne, car il ressent le fait que les autres organismes ne sont, comme lui, que des créatures animées par une force aveugle, qui souffrent de la non-satisfaction de leurs désirs et de leurs besoins, et, intuitivement, il ressent de la pitié. Dans le meilleur des cas, il parvient même à ressentir pleinement la souffrance d'autrui :

> [...] la souffrance qu'il voit endurer par un autre le touche presque d'aussi près que la sienne propre ; aussi cherche-t-il à rétablir l'équilibre entre les deux, et, pour cela, il se refuse des plaisirs, il s'impose des privations, afin d'adoucir les maux d'autrui.[102]

Selon Schopenhauer, une bonne conduite morale naît donc du désir « d'adoucir les maux d'autrui ». Cependant, comme nous attachons en même temps de l'importance, de par notre nature égoïste, à notre survie et notre bien-être, le philosophe propose la maxime d'action suivante :

« Fais ton bien avec le moindre mal d'autrui qu'il est possible. »[103]

Cela vaut également pour les animaux d'après lui :

Entre la pitié envers les bêtes et la bonté d'âme il y a un lien bien étroit : on peut dire sans hésiter, quand un individu est méchant pour les bêtes, qu'il ne saurait être homme de bien.[104]

En aidant les autres êtres vivants et en mettant nos besoins égoïstes au second plan, nous agissons donc moralement. Le phénomène de la pitié toutefois – et Schopenhauer insiste sur ce point – ne procède pas d'une éducation humaniste ou chrétienne ou de l'observation d'un impératif moral personnel, mais consiste simplement à percevoir notre nature intérieure :

> Or cette compassion [...] ne dépend pas de certaines conditions, telles que notions, religions, dogmes, mythes, éducation, instruction ; [...] elle fait partie de la constitution même de l'homme [...].[105]

En effet, dès que nous sommes confrontés de près à la souffrance d'autrui, notre instinct d'autoconservation naturel, c'est-à-dire notre volonté de vivre, se manifeste et nous fait comprendre qu'il se sent menacé en la personne d'autrui. À ce moment-là, l'être humain reconnaît sa propre volonté de vivre en autrui également :

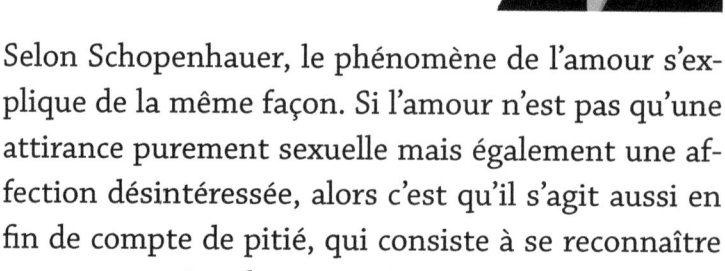

> Il sent bien que la différence entre lui et les autres [...] n'est qu'une illusion passagère, de l'ordre du phénomène.

> Il connaît, d'une façon immédiate et sans raisonner, que la réalité, cachée derrière le phénomène qu'il est, est la même en lui qu'en autrui ; car elle est cette Volonté de vivre [...] qui vit partout [...].[106]

Selon Schopenhauer, le phénomène de l'amour s'explique de la même façon. Si l'amour n'est pas qu'une attirance purement sexuelle mais également une affection désintéressée, alors c'est qu'il s'agit aussi en fin de compte de pitié, qui consiste à se reconnaître avec compassion dans autrui :

> On le voit donc, le pur amour [...] est, par nature même, de la pitié [...].[107]

La pensée centrale de Schopenhauer

D'après Schopenhauer, la compassion au destin d'autrui ne se produit néanmoins que dans de rares cas au quotidien, car la plupart du temps, la volonté de vivre ne conduit pas à la compassion mais reste cramponnée à l'égoïsme. Pour cette raison, l'être humain a également tendance à dissimuler ses propres souffrances dans un premier temps,

sachant bien qu'en les laissant voir il exciterait rarement la sympathie ou la pitié, et presque toujours la satisfaction ; n'est-on pas tout content de se voir représenter les maux dont on est épargné ?[108]

Selon Schopenhauer, l'être humain va donc même parfois jusqu'à ressentir une certaine satisfaction à voir l'autre souffrir, car cette souffrance lui permet de mieux supporter la sienne, qui lui paraît moins grave en comparaison. Pitié et compassion ne font donc nullement effet chaque fois, car en règle générale, les hommes sont et demeurent égoïstes dans la lutte qui les oppose pour leur survie et leur bien-être :

> Chez l'homme comme chez la bête, entre tous les motifs, le plus capital et le plus profond, c'est l'*égoïsme*, c'est-à-dire le désir d'être et de bien être. [...] L'égoïsme, chez la bête comme chez l'homme, est enraciné bien fortement dans le centre même de l'être, dans son essence : disons mieux, il est cette essence même [...]. L'égoïsme, voilà donc le premier et le principal [...] ennemi qu'ait à combattre le *motif moral*.[109]

Cette lutte de pouvoir interne entre le motif moral et le motif égoïste, c'est-à-dire entre la pitié d'une part et la jalousie, l'envie et le plaisir tiré du malheur d'autrui d'autre part, s'achève malheureusement souvent au profit de l'égoïsme, puisque l'être humain ressent « *immédiatement* » la volonté de vivre en lui, alors qu'il ne la ressent qu'« *indirectement* » chez les autres, « grâce à l'idée qu'il forme d'eux dans sa tête ».[110]

Trois façons de surmonter la volonté aveugle : L'art, le théâtre et l'ascèse

Schopenhauer résume le résultat de son observation de la volonté en une phrase :

> Tant que notre conscience est remplie par notre volonté, tant que nous sommes asservis à l'impulsion du désir, aux espérances et aux craintes continuelles qu'il fait naître, tant que nous sommes sujets du vouloir, il n'y a pour nous ni bonheur durable, ni repos.[111]

Il n'y a que trois façons d'échapper à cette volonté qui nous anime sans répit. La première, c'est l'art et le plaisir qu'il procure. En effet, quand nous contemplons une œuvre d'art et la laissons agir sur nous, nous n'avons tout à coup plus aucun objectif direct :

87

Cet état [...] c'est la contemplation pure, c'est le ravissement de l'intuition, c'est la confusion du sujet et de l'objet, c'est l'oubli de toute individualité [...].[112]

L'art est fondamentalement un plaisir désintéressé : pendant le temps où nous contemplons une œuvre d'art, nous ne sommes plus animés par notre volonté, puisque celle-ci a toujours un but concret. Quand nous avons faim par exemple, nous voulons manger quelque chose, et quand nous sommes d'humeur voluptueuse, nous cherchons à satisfaire nos envies sexuelles. Or l'attirance que nous avons pour l'œuvre d'art dans le musée est d'une tout autre nature, car cette œuvre, nous ne pouvons ni la manger, ni l'utiliser pour satisfaire d'autres instincts. Le plaisir purement esthétique a une autre dimension, nouvelle :

> [...] car tant qu'il [l'état exempt de douleur] dure nous échappons à l'oppression humiliante de la volonté ; nous ressemblons à des prisonniers qui fêtent un jour de repos, et notre roue d'Ixion ne tourne plus.[113]

Cette roue d'Ixion qui cesse de tourner grâce au plaisir procuré par l'art est un instrument de torture de la mythologie grecque. Pris par l'ivresse du vin, le roi Ixion avait tenté de séduire Héra, la femme de Zeus, père des dieux, qui le punit en le ligotant à une roue enflammée tournant éternellement. D'après la parabole de Schopenhauer, le plaisir procuré par l'art nous libère de la roue enflammée de la volonté aveugle et nous permet de profiter d'un jour de repos, d'une sorte de dimanche exempt du travail forcé que nous impose quotidiennement et toute notre vie durant notre volonté. Grâce au plaisir procuré par l'art — qu'il s'agisse de la beauté intemporelle d'un tableau ou de la perfection d'une statue —, nous pouvons enfin oublier notre « ego » et le laisser derrière nous. Les artistes eux-mêmes ne représentent pas leur volonté personnelle dans leurs œuvres, mais essaient de montrer la Vérité et la Beauté intemporelles cachées derrière chaque manifestation. À titre d'exemple, leurs tableaux ne montrent pas seulement de belles personnes ou de beaux paysages, mais s'efforcent de saisir l'idée même du Beau :

> [...] ainsi la génialité n'est pas autre chose que l'objectité la plus parfaite, c'est-à-dire [...] une aptitude à [...] perdre complètement de vue [...] notre volonté, nos fins [...], n'être plus que sujet connaissant pur, œil limpide de l'univers entier [...].[114]

Cet effet est encore plus intense dans la musique. Quand nous entendons une composition bouleversante, nous pouvons nous retrouver entièrement absorbés par la musique ; toutefois, contrairement aux arts visuels qui renvoient à des idées intemporelles et nous éloignent de la volonté quotidienne, la musique souligne, elle, l'omniprésence de la volonté :

La pensée centrale de Schopenhauer

Elle [la musique] n'est donc pas, comme les autres arts, une reproduction des Idées, mais une reproduction de la volonté […].[115]

Dans la musique, la volonté se reflète intégralement : les sons graves représentent l'action de la volonté dans la matière, comme pesanteur, tandis que les sons intermédiaires et aigus représentent la nature vivante du monde des hommes et des animaux. Les changements dramatiques et le va-et-vient du rythme et de la mélodie incarnent quant à eux les souffrances, les joies, les victoires et les défaites de l'existence :

C'est pourquoi l'influence de la musique est plus puissante et plus pénétrante que celle des autres arts […].[116]

Grâce au plaisir conféré par l'art et la musique, nous plongeons dans la volonté universelle et sommes ce faisant détournés de notre volonté personnelle.

La deuxième échappatoire à la volonté qui nous anime jour après jour, ce sont les représentations théâtrales ou la lecture de textes dramatiques :

[...] chaque roman est un vrai panorama, où l'on contemple les spasmes et les convulsions du cœur humain angoissé.[117]

Le roman et le théâtre nous montrent, comme à travers un judas, les secousses et les soubresauts du cœur humain. Pour que nous soyons touchés, nous devons toutefois nous identifier avec le héros et ses angoisses, c'est pourquoi les dramaturges sont obligés, d'après Schopenhauer, de s'inspirer de notre modèle pour créer leurs héros, et de les faire souffrir dans la fiction de la même manière, voire si possible un peu plus, que nous spectateurs souffrons dans le monde réel :

La pensée centrale de Schopenhauer

Aussi tous les poètes sont-ils contraints de placer leurs héros dans des situations angoissantes et pénibles, pour les en pouvoir ensuite tirer ;

le drame et l'épopée ne peignent généralement, en conséquence, que des hommes en proie aux luttes, aux souffrances, aux tourments [...].[118]

Les tourments du héros s'enchaînent d'abord artistiquement : on voit le personnage se donner du mal, lutter et se briser face au monde. Ses ennemis sont surpuissants, la femme qu'il aime inaccessible. Mais si, à la fin de la pièce, pour notre plus grande joie, le héros bat tous ses ennemis et peut embrasser la femme convoitée, objet de tous ses désirs, alors le dramaturge doit aussitôt recourir à un artifice d'après Schopenhauer :

À travers mille difficultés, mille périls, il conduit ses héros au but ; à peine l'ont-ils atteint, vite le rideau ![119]

On se dépêche de faire tomber le rideau ou de mettre le point final au roman, car dorénavant, le héros va cohabiter jour après jour avec sa femme, la voir se laver les dents, partager son quotidien avec elle, et alors toute la magie, tout le mystère de cette figure inaccessible qu'il s'était imaginée avec sensualité dans les couleurs les plus chatoyantes va se ternir dans la routine de l'existence. Et, surtout, le héros n'a plus d'ennemis, plus personne pour en vouloir à sa vie ou le craindre. Il a de façon générale cessé d'être l'objet d'une quelconque attention, et chaque jour ressemble au précédent. En lieu et place d'ennemis, une menace d'un tout autre type le guette désormais, les bâillements de l'ennui :

> L'existence se présente avant tout comme une tâche, celle de subsister [...]. Ce problème une fois résolu [...], s'impose une seconde tâche : comment disposer de ce que l'on a en évitant l'ennui. Comme un oiseau de proie aux aguets, ce mal s'abat sur toute existence devenue sûre.[120]

Voilà pourquoi le rideau doit tomber si vite d'après Schopenhauer. Il ne faut pas retirer au spectateur l'illusion du bonheur, et effectivement, personne n'a envie de voir Roméo et Juliette se disputer pour un œuf trop cuit après quelques années de mariage, ou James Bond se saouler soir après soir au Martini en pantoufles devant sa cheminée :

> Un poème épique ou dramatique ne peut avoir qu'un sujet : une dispute, un effort, un combat dont le bonheur est le prix ; mais quant au bonheur lui-même, au bonheur accompli, jamais il ne nous en fait le tableau.[121]

En nous présentant un extrait bien choisi de la réalité, les dramaturges parviennent à nous captiver et à nous faire oublier notre propre nature animée par une force aveugle. Nous reconnaissons certes notre souffrance personnelle dans celle du héros, mais avec une distance objectivante en même temps, car nous ne « voulons » pas et ne devons pas « agir » nous-mêmes dans la pièce, mais voyons tout à travers un « panorama » seulement.

Selon Schopenhauer cependant, le plaisir que procurent les arts visuels, la musique et le drame théâtral ne nous libère que brièvement de notre volonté. La seule façon de se libérer plus longtemps, c'est de dire « non » de manière générale à l'existence, avec tous ses plaisirs et ses souffrances :

> [...] car moins la volonté est excitée, moins nous souffrons.[122]

Quand il conseille de « dire non à l'existence », Schopenhauer ne veut pas dire que nous devons nous suicider. La personne qui se suicide ne résout au contraire guère le problème, puisqu'elle ne touche pas à l'essence de la volonté aveugle :

> Bien loin d'être une négation de Volonté [...] en détruisant son corps, ce n'est pas au vouloir-vivre [...] qu'il renonce. [...] le suicide nie l'individu, non l'espèce.[123]

Ainsi, la personne qui se suicide ne détruit que sa propre manifestation individuelle de la volonté. Seule l'ascèse permet d'opposer un « non » véritablement déterminé à la volonté aveugle, car dès que l'être humain nie la vie en soi,

> il cesse de vouloir quoi que ce soit, il se défend d'attacher sa Volonté à aucun appui

> [...]. Une chasteté volontaire et parfaite est le premier pas dans la voie de l'ascétisme. [...] L'ascétisme se manifeste encore dans la pauvreté volontaire et intentionnelle.[124]

Comme le recommande le bouddhisme depuis des milliers d'années, l'être humain doit donc cesser de se laisser distraire par des choses superficielles et faire, grâce à l'ascèse et à la méditation, l'expérience profonde de la solitude qui supprime

> toute différence entre mon individu et celui d'autrui [...]. [...] alors, bien évidemment

> cet homme [...] dans chaque être se reconnaît lui-même, ce qui fait le plus intime et le plus vrai de lui-même [...].[125]

Cette expérience qui consiste à reconnaître son propre moi dans chaque être signifie en fin de compte aussi – et Schopenhauer ne laisse aucun doute là-dessus – suspendre ce moi et, ce faisant, accéder au « nirvana », au néant :

> Nous autres, nous allons hardiment jusqu'au bout ; [...] ce qui reste après la suppression totale de la Volonté [...] pour ceux qui ont converti et aboli la Volonté, c'est notre monde actuel, ce monde si réel avec tous ses soleils et toutes ses voies lactées, qui est le néant.[126]

Cette expérience du nirvana, qui nous fait ressentir le monde réel avec tous ses soleils et toutes ses planètes comme le « néant » en nous donnant le sentiment de faire partie de lui et en nous immergeant complètement en lui, a été, à juste titre d'après Schopenhauer, décrite comme le degré le plus élevé de l'éveil par les Upanisads indiens et les bouddhistes. La personne éveillée, contrairement aux individus normaux, reconnaît que l'égoïsme qui a déterminé sa vie jusqu'alors est né de l'individuation de la volonté, qui est un principe naturel. Cet individu « voit clair » dans sa propre volonté aveugle, qu'il reconnaît comme faisant partie de la volonté universelle du monde, et il s'élève au-dessus de l'agitation avide de celle-ci :

> [...] comme il voit clair à travers le principe d'individuation, tout le touche également de près. Il aperçoit l'ensemble des choses, il en connaît l'essence, et il voit qu'elle consiste dans un perpétuel écoulement, dans un effort stérile [...].[127]

Quand un être humain s'élève ainsi au-dessus de l'élan égoïste et stérile des différents acteurs du monde et se sent lié à tout l'univers, il s'élève en même temps lui-même en tant que sujet et individu. Pour expliquer cette expérience qui consiste à faire Tout et Un avec le monde, cette immersion intérieure profonde dans le Tout, Schopenhauer utilise aussi la célèbre formule indienne sanscrite « Tat twam asi », qui signifie que le « moi » n'est qu'une illusion qui nous leurre depuis des milliers d'années. La seule chose réelle, c'est le « Un infini ». Selon Schopenhauer, si on observe par exemple suffisamment longtemps les plantes et animaux dans leur état naturel libre et qu'on les laisse agir sur nous assez de temps grâce à la contemplation, alors on se reconnaît en eux et on fait intuitivement cette grande expérience :

Tat twam asi, c'est-à-dire : « Tu es ceci. »[128]

Or, si nous sommes capables de faire Tout et Un avec les autres organismes, c'est précisément parce que la volonté de vivre universelle est finalement toujours une et même, même si elle se manifeste sous forme de millions de créatures différentes. Schopenhauer a lui-même passé de longues heures à observer les plantes et les animaux de manière méditative, dans la serre de Dresde notamment :

> La contemplation objective de leurs formes diverses et merveilleuses [...] est une leçon riche d'enseignements, prise au grand livre de la nature ; [...] nous y reconnaissons [...] la manifestation de la volonté [...]. Si je devais donner [...] une explication [...] de l'essence intime de tous ces êtres, je ne pourrais mieux faire que de choisir une formule sanscrite qui revient fort souvent dans les livres saints des Hindous et qu'on appelle Mahavakya, la grande parole : *Tat twam asi*, c'est-à-dire : « Tu es ceci. »[129]

À quoi nous sert la découverte de Schopenhauer aujourd'hui ?

L'ascèse permet-elle d'échapper à la volonté aveugle ?

Schopenhauer était intimement convaincu que sa pensée centrale, la volonté « aveugle » et « affamée » et son « renoncement » par l'ascèse, serait encore entendue des siècles plus tard, et il semble avoir eu raison. Sa philosophie connaît actuellement un intérêt grandissant dans le monde. Mais que nous apporte la grande découverte de Schopenhauer aujourd'hui ? Pouvons-nous véritablement dire « non » à l'existence et échapper à la volonté aveugle grâce à l'ascèse et la méditation ? L'essor du yoga constitue-t-il un premier indice de l'émergence d'une nouvelle attitude face à la vie, conforme à l'esprit schopenhauerien ? Ou bien la véritable ascèse et la retraite méditative ne seraient-elles en fin de compte qu'une illusion pour les Occidentaux ?

À quoi nous sert la découverte de Schopenhauer aujourd'hui ?

Schopenhauer, réaliste, était plutôt sceptique concernant les conséquences de sa philosophie de la volonté aveugle. Certes, devoir renoncer à la volonté aveugle est logique, mais le philosophe nuance ses propos en disant que ce « non à l'existence », cette « immersion dans l'âme du monde », ce « Tat twam asi » et l'accès au « nirvana » ne sont que la conséquence théorique de sa philosophie. Dans la pratique, Schopenhauer nous met en garde contre un excès d'optimisme, comme à son habitude, car il est extrêmement difficile de dire non à la volonté aveugle qui nous domine depuis que nous sommes venus au monde, et très peu de personnes ont donc réussi à lui échapper. Parmi ces dernières, on trouve les grands saints et sages comme Bouddha ou Maître Eckhart, dont les visages reflètent

[...] cette paix plus précieuse que tous les biens de la raison, cet océan de quiétude, ce repos profond de l'âme, cette sérénité et cette assurance inébranlables [...].[130]

Ces êtres d'exception ont laissé leur « ego » pulsionnel derrière eux, n'ont plus fait qu'Un avec tout ce qui est et ont réellement mis en pratique cette formule védique :

> *Tat twam asi* ! (« Tu es ceci ! ») Celui qui peut se la redire à lui-même, avec une connaissance claire de ce qu'il dit et une ferme conviction, en face de chaque être avec lequel il a rapport, celui-là est sûr de posséder toute vertu, toute félicité ; il est sur la voie droite qui va à la délivrance.[131]

Peu de personnes sont cependant capables d'accéder à cette étape qui consiste à faire Tout et Un avec le monde, à accéder au nirvana et donc à un état spirituel totalement exempt de volonté et de désirs. Schopenhauer lui-même n'y est jamais parvenu dans la pratique. Il n'a pas beaucoup médité et n'a pas non plus spécialement vécu dans l'ascèse. Il aimait par exemple beaucoup manger et avait bon appétit, ce qui poussera plus tard Albert Camus à lui reprocher d'avoir toujours mangé à « une table bien garnie »

tout en conseillant de dire non à l'existence entre le fromage et le dessert. Schopenhauer était parfaitement conscient de son inconséquence, mais a déclaré qu'il ne fallait pas le jauger sur cette base, car ce n'est pas de lui en tant que personne dont il est question, mais de la vérité de sa philosophie :

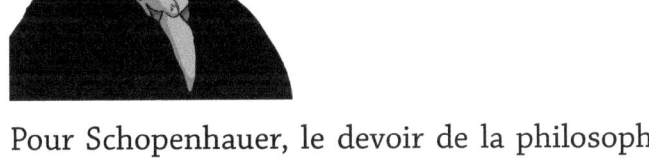

Il n'y a donc pas plus nécessité à ce que [...] le philosophe soit saint ; de même, parce qu'on est bel homme on n'est pas nécessairement bon sculpteur, ni bel homme parce qu'on est bon sculpteur.[132]

Pour Schopenhauer, le devoir de la philosophie est fondamentalement tout autre :

Traduire l'essence de l'univers en concepts abstraits [...], en donner une image réfléchie mais stable,

> toujours à notre disposition et résidant en notre raison, voilà ce que doit, voilà tout ce que doit la philosophie.[133]

Le rapport à l'ascèse de Schopenhauer s'est donc limité à l'achat d'une grande statue tibétaine de Bouddha, qu'il avait néanmoins placée de façon bien visible dans son appartement. Il était très heureux quand ses visiteurs remarquaient sa présence, surpris et admiratifs. Schopenhauer aimait aussi se désigner, ainsi que ses partisans — toujours plus nombreux vers la fin de sa vie —, sous le nom de « bouddhaïstes », un terme qui ne soulignait cependant que sa proximité théorique avec le bouddhisme et son renoncement au monde, et la grande admiration qu'ils lui inspiraient. On retrouve cette proximité théorique dans les statues de Bouddha qu'on voit aujourd'hui de plus en plus dans les foyers européens et américains : elles y répandent calme et sérénité alors que leurs propriétaires mènent une existence éreintante dans la jungle capitaliste des grandes villes. Si toutefois, comme Schopenhauer, il nous est impossible de mener une vie totalement ascétique, la philosophie schopenhauerienne propose une autre attitude à adopter face à la vie, peut-être plus facile à mettre en pratique.

Premièrement, Schopenhauer a remarqué que les formes supérieures de vie ressentaient davantage la souffrance que les formes inférieures. Deuxièmement, il est parvenu à la conclusion qu'intuitivement, nous ressentons qu'une seule et même volonté de vivre agit dans les animaux et les êtres humains. Troisièmement, il nous exhorte à causer le moins de souffrances possible aux autres créatures. Si on réunit ces trois idées, on arrive à la conclusion qu'il faut respecter le désir qu'ont les animaux de mener une vie intègre :

> Toutefois en Europe aussi de jour en jour s'éveille le sentiment des droits des bêtes [...].[134]

L'idéologie du « Think positive ! » – Le plaidoyer de Schopenhauer pour le pessimisme

« Think positive ! », « Sois optimiste ! », « Écoute la voix qui résonne en toi ! » Ces impératifs et tant d'autres déferlent actuellement partout dans le monde moderne, qui nous dit que seules les personnes enthousiastes seraient capables d'enthousiasmer les autres, de les motiver et de faire carrière. L'optimisme constitue une qualification primordiale pour la méritocratie dans laquelle nous vivons, une sorte d'huile lubrifiante du moteur capitaliste, et des individus comme Schopenhauer seraient complètement ringards aujourd'hui.

Bien sûr, les rabat-joie n'ont jamais été très appréciés, quelle que soit l'époque, mais l'injonction à la pensée positive a atteint aujourd'hui des proportions inquiétantes. L'optimisme est quasiment devenu un devoir civique, et quiconque exprime un malaise, une critique ou même des signes d'abattement est tenu de faire un travail sur lui-même grâce à un livre de développement personnel, un coach ou un thérapeute.

Schopenhauer doit se retourner dans sa tombe. L'injonction à la pensée positive et à l'optimisation de soi

À quoi nous sert la découverte de Schopenhauer aujourd'hui ?

qui va avec serait pure idéologie à ses yeux, car l'idée de s'optimiser laisse entendre qu'on améliore sa personne alors qu'il ne s'agit, le plus souvent, que d'améliorer sa capacité de production pour l'entreprise. De plus, pour le philosophe, l'injonction à l'optimisme serait une véritable fumisterie dans son principe même :

> Au reste, je ne puis ici dissimuler mon avis ; c'est que l'optimisme [...] est une opinion réellement infâme, une odieuse moquerie, en face des inexprimables douleurs de l'humanité.[135]

Il existe par ailleurs des gens qui, de par leur caractère, voient fondamentalement le monde et leur personne de manière plus critique que la plupart des autres. Or d'après Schopenhauer il ne s'agit nullement d'un défaut qu'il faudrait soigner, mais tout au contraire d'une attitude authentique et clairvoyante qui explique pourquoi ce sont précisément les personnes douées qui souffrent tout particulièrement du monde :

> Ainsi, selon que la connaissance s'éclaire, que la conscience s'élève, la misère aussi va croissant ; c'est dans l'homme qu'elle atteint son plus haut degré, et là encore elle s'élève d'autant plus que l'individu […] est plus intelligent […].[136]

De plus, non seulement le pessimisme est plus authentique que l'optimisme, mais il est aussi plus pratique au quotidien. Il peut certes paraître « sombre, inquiet », mais il est, de façon générale, l'attitude la plus efficace à adopter face à la vie, car

> les caractères sombres, inquiets, auront à supporter plus de malheurs et de souffrances imaginaires, mais

À quoi nous sert la découverte de Schopenhauer aujourd'hui ?

en revanche moins de réels que les caractères gais et insouciants [...].[137]

Selon Schopenhauer, le pessimiste imagine toujours en effet la pire issue possible d'une chose et agit par conséquent avec prudence, tandis que l'optimiste ignore au contraire les risques puisqu'il attend les choses avec une attitude positive.

Le philosophe était connu pour toujours emporter son verre avec lui au bar, pour des raisons d'hygiène, et étant donné qu'il avait toujours peur de tomber malade ou de s'infecter, il fit bien évidemment ses bagages sur-le-champ et quitta Berlin lorsqu'il apprit que le choléra y sévissait. Laissant tout en plan, il déménagea sans tarder à Mannheim en août 1831, puis à Francfort, qu'il considérait pour diverses raisons comme résistante aux épidémies. Son grand adversaire philosophique, Hegel, ne quittera quant à lui Berlin qu'un court moment, puis reviendra et attrapera le choléra. Il mourra deux mois plus tard seulement, en novembre de la même année, alors qu'il n'avait que soixante-et-un ans. Prudence de Schopenhauer ou ironie du destin ? Quoi qu'il en soit, reste que le philosophe de l'Esprit du monde, le grand optimiste Hegel, est mort, alors que le pessimiste Schopenhauer a survécu.

« Qui ne connaît pas son âge en connaîtra les souffrances » – Vieillir avec réalisme grâce à Schopenhauer

« L'âge, c'est dans la tête », dit un adage populaire pour nous donner du peps. Ainsi, vieillir ne serait pas tant un processus biologique qu'une question d'état d'esprit. D'innombrables produits « anti-âge » promettent en outre de mettre un terme à notre déchéance biologique, et différents programmes de fitness nous aident à nous conformer à l'idéal de beauté juvénile vanté par la société. Schopenhauer, toutefois, nous propose une autre voie, à savoir traiter les différentes phases de la vie avec réalisme :

Qui n'a pas l'esprit de son âge,
De son âge a tout le malheur.[138]

Le philosophe, qui a repris cette maxime de sagesse de Voltaire, entend par là qu'il faut évaluer correctement ses forces et éviter les efforts physiques, surtout à un âge avancé. Seules les longues promenades comme celles qu'il faisait régulièrement avec son caniche seraient bonnes pour la santé. Quant à la diminution des forces intellectuelles et corporelles, elle est certes inévitable, mais elle peut être légèrement « compensée » d'après Schopenhauer. Le déclin des pulsions sexuelles, par exemple, ne présente pas que des inconvénients :

On pourrait même soutenir que les fantaisies très diverses, et incessantes, engendrées par l'impulsion sexuelle [...], entretiennent dans l'homme une douce folie perpétuelle [...] ; si bien qu'il ne devient raisonnable que quand elle est éteinte.[139]

À cause de cette « folie », les jeunes sont entièrement « sous le joug [...] de ce démon » et sont sujets aux peines d'amour et à la mélancolie :

> L'âge mûr manifeste l'enjouement de celui qui est délivré de fers longtemps portés, et qui jouit désormais de la liberté de ses mouvements.[140]

De plus, une autre source de plaisir viendrait remplacer la sexualité à partir d'un certain âge :

> Abandonné par Vénus, on cherchera alors volontiers gaieté et délassement chez Bacchus.[141]

La déesse de l'amour serait donc remplacée par le dieu de l'ivresse. Selon Schopenhauer, l'idée selon laquelle les personnes âgées s'ennuient serait par ailleurs fausse pour trois raisons. Pour commencer, ne plus avoir d'obligations professionnelles fait gagner du temps libre qui permet de mettre enfin ses expériences à profit et de comprendre la vie même :

À quoi nous sert la découverte de Schopenhauer aujourd'hui ?

En toutes choses, on acquiert une vision plus pénétrante de l'ensemble. […] notre propre culture réelle continue sous tous ses aspects à progresser […].[142]

En outre […], dans la vieillesse le temps passe plus rapidement, et neutralise ainsi l'ennui.[143]

Enfin, on se montre beaucoup plus économe avec son temps :

[...] dans la vieillesse, on est avare avec son temps. On est comme celui qui, plongeant sa main dans sa bourse, en aperçoit déjà le fond.[144]

Toutefois, concède Schopenhauer, compenser le déclin de ses forces devient de plus en plus difficile passé un certain âge. L'acteur allemand Joachim Fuchsberger a d'ailleurs intitulé ses mémoires « Vieillir n'est pas pour les lâches », illustrant ainsi l'opinion de Schopenhauer au sujet du vieillissement. Finalement, l'être humain n'a d'autre choix que de faire face à l'augmentation de ses souffrances :

La disparition progressive de toutes les forces à mesure que nous vieillissons, est certes éprouvante. Mais elle est nécessaire, et même bienfaisante ; autrement la mort [...] deviendrait trop pénible.[145]

L'héritage de Schopenhauer : Se délivrer de l'obligation d'être heureux

L'héritage de Schopenhauer est multiple, et les ouvrages consacrés à sa pensée citent généralement trois répercussions majeures de son œuvre. Premièrement, sa philosophie de la volonté qui nous anime inconsciemment a préparé et inspiré la psychanalyse de Sigmund Freud. Deuxièmement, le philosophe a, à juste titre, critiqué la conception idéaliste et ambitieuse selon laquelle l'homme serait un pur être d'esprit, et ses descriptions ont permis de remettre à ce dernier les pieds sur terre. Troisièmement, il a, en préconisant l'ascèse, la méditation et la voie spirituelle menant au nirvana, ouvert pour la première fois l'Occident au bouddhisme et à la philosophie extrême-orientale. Il a carrément déclenché un boum de traductions dans ce domaine, et est donc sans aucun doute d'une certaine manière un précurseur des pratiques, aujourd'hui largement répandues, du yoga et de la méditation en Europe et dans le reste du monde occidental.

Pourtant, son héritage véritable est à rechercher dans un contexte beaucoup plus simple, mais souvent négligé en raison même de cette simplicité : la philosophie de Schopenhauer peut nous aider à nous délivrer une bonne fois pour toutes de l'injonction à l'optimisation de soi et au bonheur. Toute personne ayant lu *Le Monde comme volonté et comme représentation* se retrouve immunisée contre la frénésie de l'optimisation qui s'est emparée de notre société, car, en effet, on n'est pas toujours obligé de travailler sur soi quand on va mal :

Nul être humain ne s'est encore senti complètement heureux dans le présent ; il faudrait pour cela être saoul.[146]

Difficile de faire plus clair. Autre conséquence de la philosophie schopenhauerienne : le droit fondamental au pessimisme, le droit à critiquer l'existence, voire le droit à « dire non » au monde. Rappelons que l'obligation d'être heureux est un phénomène éminemment moderne. Alors qu'au Moyen Âge on croyait encore que les gens en proie à la souffrance étaient soumis à des épreuves divines particulières, aujourd'hui, chacun est responsable de son état. « Tu es le propre artisan de ton bonheur », dit-on, et si tu es malheureux, c'est donc que tu as fait quelque chose qui ne va pas.

Pour les personnes concernées commence alors la quête rocambolesque du bonheur sur un marché nébuleux où on trouve de tout : cours de pleine conscience, chamanisme, tantra, voyages expérientiels, groupes de conscience et de caresses, voyages au cœur de son propre moi, etc. Et, surtout, la personne « malheureuse » se retrouve face à un immense étalage de livres consacrés au bonheur : « Le bonheur en dix étapes », « Formation accélérée au bonheur » et autres euphémismes du type « Le bonheur, ça s'apprend ! » – tout y est. Rien que dans l'espace germanophone, on trouve plus de 22 000 livres comprenant le mot « bonheur » dans leur titre. Schopenhauer secouerait tout bonnement la tête :

Il y a une contradiction totale à vouloir vivre sans souffrir [...].[147]

Il aurait tout au plus un commentaire ironique pour les promesses qu'on trouve dans ces livres pratiques et pour le ministère du bonheur qui a été créé au Bhoutan. En 1818 déjà, il écrivait que croire qu'on peut améliorer son « intention intime » par des mesures externes (ou par l'État) était une illusion et une « grave erreur » :

Comme si l'intention intime [...], comme si la volonté, la liberté éternelle, se laissait modifier par une action extérieure, altérer par une intervention ![148]

Pourtant, des messages pleins de promesses comme « Donne un nouvel élan à ton moi ! » trônent de nos jours jusque dans les salons de coiffure. Inutile de préciser que Schopenhauer ne tomberait pas dans le panneau. De toute façon, il ne fréquenterait sans doute pas ces lieux : le philosophe, certes toujours convenablement habillé, avait, au regard des codes de l'époque, une chevelure anarchiste qui rebiquait sur les côtés, ce qui a poussé son ami Wilhelm Busch à réaliser ce dessin devenu célèbre :

À quoi nous sert la découverte de Schopenhauer aujourd'hui ?

Schopenhauer serait clairement un cauchemar pour tous les coiffeurs et coachs en charisme. De manière impressionnante, il nous a montré qu'il était fondamentalement impossible d'être totalement heureux sur le long terme, car notre volonté ouvre sans cesse la voie à plus de désirs, d'envies et d'idées que ce que la réalité est capable de satisfaire, et, même si nous arrivons de temps à autre à satisfaire tous nos besoins, reste le souci qu'on se fait pour nos futurs besoins :

[...] tant que nous sommes asservis à l'impulsion du désir, aux espérances et aux craintes continuelles qu'il fait naître [...], il n'y a pour nous ni bonheur durable, ni repos [...].[149]

Schopenhauer formule ici ce que le célèbre psychanalyste Sigmund Freud exprimera en d'autres termes des années plus tard, à savoir que, de par sa constitution, l'être humain n'est pas fait pour accéder au bonheur, car son imagination pourra toujours se représenter plus que ce que la réalité ne sera jamais en mesure de satisfaire : « on aimerait dire que le dessein que l'homme soit "heureux" n'est pas contenu dans le plan de la "création". »[150] Si Schopenhauer et Freud ont raison, alors le bonheur qu'on nous vante partout est une illusion :

À quoi nous sert la découverte de Schopenhauer aujourd'hui ?

> Une VIE HEUREUSE est impossible ; le mieux auquel l'homme puisse atteindre, c'est une VIE HÉROÏQUE [...].[151]

Par « vie héroïque », Schopenhauer veut dire que, en dépit de notre nature mue par la volonté et des déceptions qui en résultent, nous devons poursuivre avec résolution notre existence. Héroïque est également notre vie si nous parvenons à reconnaître dans les autres organismes également la volonté de vivre aveugle qui pénètre notre être, et à les traiter avec indulgence :

> En fait, la conviction que le monde, et donc l'homme, représentent quelque chose qui réellement n'aurait pas dû être, est censée nous remplir d'indulgence les uns à l'égard des autres [...].[152]

Étant donné qu'aucun habitant de la Terre n'a demandé à venir au monde, nous partageons tous le même destin. En lieu et place des titres de civilité distants comme « Monsieur », « Sir » en anglais ou « Herr » en allemand, Schopenhauer propose d'ailleurs de ne plus utiliser, à l'avenir et dans le monde entier, que « la salutation qui convient entre êtres humains » :

Leidensgefährte, Socî malorum, compagnon de misères, my fellow-sufferer.[153]

Quiconque a assimilé l'esprit de Schopenhauer ne peut plus être manipulé par l'industrie du bonheur. Il sait qu'il ne peut pas échapper à la mort et que ses douloureux besoins l'accompagneront toute sa vie, mais il sait aussi qu'il partage avec l'ensemble du monde vivant le seul et même souhait de mener une vie indemne. Bref, il vivra de manière existentielle, aura de la compassion pour autrui et deviendra, par-delà Dieu et le Diable, un esprit critique lucide. Schopenhauer lui-même ne s'est jamais laissé détourner de ce chemin :

Je suppose qu'on va encore me dire que ma philosophie est attristante et inconfortable, simplement parce que je dis la vérité […].[154]

Index des citations

Les citations d'Arthur Schopenhauer sont tirées des livres « Le monde comme volonté et comme représentation », Presses Universitaires de France, Paris, 1966 ; « Le fondement de la morale », Librairie Générale Française, Paris, 1991 ; et des tomes I et II de « Parerga & Paralipomena », Coda, Paris, 2010. Une note entre parenthèses indique les citations pour lesquelles la version française est l'œuvre de la traductrice.

1. Arthur Schopenhauer, Le monde comme volonté et comme représentation, chap. XLVI, p. 1344. Cité ci-après sous le nom « Le Monde comme volonté ».
2. Le Monde comme volonté, chap. XXVIII, p. 1087.
3. Arthur Schopenhauer, Parerga & Paralipomena, tome II, § 338, p. 886. Cité ci-après sous le nom « Parerga II ».
4. Le Monde comme volonté, chap. XXVIII, pp. 1076-1077.
5. Le Monde comme volonté, chap. XXVIII, p. 1077.
6. ibid.
7. ibid.
8. Le Monde comme volonté, chap. XXVIII, p. 1086.
9. Le Monde comme volonté, chap. XXVIII, p. 1084.
10. ibid.
11. Le Monde comme volonté, § 60, p. 416.
12. Le Monde comme volonté, § 62, p. 441.
13. Le Monde comme volonté, § 63, p. 446.
14. ibid.
15. Le Monde comme volonté, § 54, p. 350.
16. Le Monde comme volonté, chap. XXVIII, pp. 1077-1078.
17. Le Monde comme volonté, chap. XV, p. 827.
18. Le Monde comme volonté, chap. XXVIII, pp. 1075-1076.
19. Parerga II, §156, p. 644.
20. Parerga II, § 147, p. 633.
21. Parerga II, § 156, p. 643.
22. Le Monde comme volonté, chap. XLVI, p. 1338.
23. Parerga II, § 251, p. 794.
24. Atma signifie « souffle de vie » ou « âme unique », mais aussi, en tant

que partie du Brahman, « âme du monde ».
25 Arthur Schopenhauer, cité d'après Karlheinz Muscheler, Die Schopenhauer-Marquet-Prozesse und das preußische Recht, Mohr Siebeck Verlag, Tübingen 1996, p. 103 (traduit par la traductrice).
26 Arthur Schopenhauer, Der handschriftliche Nachlaß in fünf Bänden, sous la direction d'Arthur Hübscher, tome 4, Deutscher Taschenbuch Verlag, Munich 1985, p. 96, n° 36 (traduit par la traductrice).
27 Arthur Schopenhauer, Gespräche, sous la direction d'Arthur Hübscher, Stuttgart, Bad Cannstatt 1971, p. 23 (traduit par la traductrice).
28 Arthur Schopenhauer, Die Reisetagebücher, sous la direction de Ludger Lütkehaus, Haffmans Verlag, Zurich 1988, p. 140 sq. (traduit par la traductrice).
29 Johanna Schopenhauer, citée d'après Rüdiger Safranski, Schopenhauer und die wilden Jahre der Philosophie, Hanser Verlag, Munich 1987, p. 141 (traduit par la traductrice).
30 Le Monde comme volonté, § 59, p. 409.
31 Le Monde comme volonté, § 68, pp. 477-478.
32 Le Monde comme volonté, § 1, p. 25.
33 Le Monde comme volonté, chap. I, p. 673.
34 Arthur Schopenhauer, Le fondement de la morale, § 14, p. 143, cité ci-après sous le nom « Fondement de la morale ».
35 Arthur Schopenhauer, Parerga & Paralipomena, tome I, chap. I, p. 256, cité ci-après sous le nom « Parerga I ».
36 Le Monde comme volonté, chap. XVII, p. 874.
37 Le Monde comme volonté, § 18, p. 141.
38 Le Monde comme volonté, § 29, p. 213.
39 Le Monde comme volonté, § 21, p. 152.
40 Arthur Schopenhauer, Der handschriftlicher Nachlass, sous la direction d'Arthur Hübscher, 5 tomes, Francfort-sur-le-Main 1985, Manuskripte 1817, n° 662, tome 1, p. 462 (traduit par la traductrice).
41 Le Monde comme volonté, § 21, p. 152.
42 Le Monde comme volonté, chap. XXVIII, p. 1077.
43 Le Monde comme volonté, chap. XXVIII, p. 1085.
44 Le Monde comme volonté, § 55, p. 365.
45 Le Monde comme volonté, § 20, p. 151.
46 Le Monde comme volonté, § 55, pp. 365-366.
47 Le Monde comme volonté, chap. XV, p. 827.
48 Le Monde comme volonté, chap. XIX, p. 921.

49 Le Monde comme volonté, § 27, p. 199.
50 Le Monde comme volonté, chap. XVII, p. 851.
51 Le Monde comme volonté, § 38, p. 252.
52 ibid.
53 Le Monde comme volonté, § 65, p. 456.
54 Parerga II, § 149, p. 638.
55 Le Monde comme volonté, § 27, p. 195.
56 Le Monde comme volonté, § 27, p. 193.
57 Le Monde comme volonté, chap. XLVI, p. 1341.
58 Le Monde comme volonté, § 28, p. 203.
59 Le Monde comme volonté, chap. XXVIII, pp. 1081-1082.
60 Le Monde comme volonté, § 27, p. 196.
61 Parerga I, chap. V, p. 370.
62 Parerga II, § 153, p. 641.
63 Le Monde comme volonté, § 57, pp. 400-401.
64 Le Monde comme volonté, § 57, p. 401.
65 Le Monde comme volonté, chap. XLVI, p. 1337.
66 Parerga II, § 146, p. 632.
67 ibid.
68 ibid.
69 Le Monde comme volonté, § 57, p. 398.
70 Le Monde comme volonté, chap. XLIV, p. 1287.
71 Parerga II, § 153, p. 640.
72 Le Monde comme volonté, § 57, p. 394.
73 Parerga II, § 143, p. 630.
74 Parerga II, § 155, p. 643.
75 Parerga I, chap. VI, p. 394.
76 Parerga II, § 144, p. 630.
77 Parerga II, § 145, p. 631.
78 Parerga II, § 146, p. 632.
79 Parerga II, § 150, p. 638.
80 Parerga I, Introduction, p. 254.
81 Le Monde comme volonté, § 62, p. 441.
82 ibid.
83 ibid.
84 Le Monde comme volonté, chap. XVII, pp. 880-881.
85 Parerga II, § 146, p. 633.
86 Le Monde comme volonté, chap. XXXVIII, p. 1184.

87   Le Monde comme volonté, chap. XLI, p. 1220.
88   Le Monde comme volonté, § 58, p. 406.
89   Le Monde comme volonté, chap. XXVIII, p. 1082.
90   Le Monde comme volonté, § 58, pp. 407-408.
91   Le Monde comme volonté, chap. XVII, p. 853.
92   Le Monde comme volonté, chap. XLVI, p. 1346.
93   Le Monde comme volonté, chap. XLVI, p. 1344.
94   Le Monde comme volonté, chap. XLVI, p. 1347.
95   Parerga II, § 156, p. 644.
96   Arthur Schopenhauer, Parerga und Paralipomena, tome II, Erster Teilband, Züricher Ausgabe, § 155, tome 9, p. 327 (traduit par la traductrice).
97   Le Monde comme volonté, § 59, p. 410.
98   Arthur Schopenhauer, Der handschriftliche Nachlaß in fünf Bänden, sous la direction d'Arthur Hübscher, Deutscher Taschenbuch Verlag, Munich 1985, tome 3, p. 57, n° 138 (traduit par la traductrice).
99   Le Monde comme volonté, chap. XXVIII, p. 1083.
100 Parerga II, § 344a, p. 888.
101 Le Monde comme volonté, chap. XXVIII, p. 1082.
102 Le Monde comme volonté, § 66, p. 469.
103 Fondement de la morale, § 19, p. 205.
104 Fondement de la morale, § 19, p. 198.
105 Fondement de la morale, § 17, pp. 161-162.
106 Le Monde comme volonté, § 66, p. 469.
107 Le Monde comme volonté, § 67, p. 473.
108 Le Monde comme volonté, § 59, p. 409.
109 Fondement de la morale, § 14, pp. 141 et 144.
110 Fondement de la morale, § 14, p. 142.
111 Le Monde comme volonté, § 38, pp. 252-253.
112 Le Monde comme volonté, § 38, p. 253.
113 ibid.
114 Le Monde comme volonté, § 36, p. 240.
115 Le Monde comme volonté, § 52, p. 329.
116 ibid.
117 Le Monde comme volonté, chap. XLVI, p. 1338.
118 Le Monde comme volonté, chap. XLVI, pp. 1337-1338.
119 Le Monde comme volonté, § 58, p. 405.
120 Parerga II, § 146, p. 632.

121 Le Monde comme volonté, § 58, pp. 404-405.
122 Parerga I, chap. V, p. 340.
123 Le Monde comme volonté, § 69, pp. 499-500.
124 Le Monde comme volonté, § 68, pp. 478-479.
125 Le Monde comme volonté, § 68, p. 476.
126 Le Monde comme volonté, § 71, p. 516.
127 Le Monde comme volonté, § 68, p. 476.
128 Le Monde comme volonté, § 44, p. 283.
129 Le Monde comme volonté, § 44, pp. 282-283.
130 Le Monde comme volonté, § 71, p. 515.
131 Le Monde comme volonté, § 66, p. 471.
132 Le Monde comme volonté, § 68, p. 482.
133 ibid.
134 Fondement de la morale, § 19, p. 200.
135 Le Monde comme volonté, § 59, p. 411.
136 Le Monde comme volonté, § 56, p. 392.
137 Parerga, I, chap. II, p. 264.
138 Parerga I, chap. VI, p. 389.
139 Parerga I, chap. VI, p. 401.
140 ibid.
141 Parerga I, chap. VI, p. 402.
142 ibid.
143 ibid.
144 Arthur Schopenhauer, cité d'après Walter Abendroth, Arthur Schopenhauer, Rowohlt Verlag, Hambourg 1967, p. 116 (traduit par la traductrice).
145 Parerga I, chap. VI, p. 404.
146 Parerga II, § 146, p. 633.
147 Le Monde comme volonté, § 16, p.131.
148 Le Monde comme volonté, § 62, p. 434.
149 Le Monde comme volonté, § 38, pp. 252-253.
150 Sigmund Freud, Le malaise dans la culture, Presses Universitaires de France, Paris, 1995, p. 18.
151 Parerga II, § 172a, p. 663.
152 Parerga II, § 156, p. 647.
153 Parerga II, § 156, p. 647.
154 Parerga II, § 156, p. 644.

Déjà paru dans la même série:

Walther Ziegler
Adorno en 60 minutes

Walther Ziegler
Arendt en 60 minutes

Walther Ziegler
Buddha en 60 minutes

Walther Ziegler
Camus en 60 minutes

Walther Ziegler
Confucius en 60 minutes

Walther Ziegler
Descartes en 60 minutes

Walther Ziegler
Epicure en 60 minutes

Walther Ziegler
Foucault en 60 minutes

Walther Ziegler
Freud en 60 minutes

Walther Ziegler
Habermas en 60 minutes

Walther Ziegler
Hegel en 60 minutes

Walther Ziegler
Heidegger en 60 minutes

Walther Ziegler
Hobbes en 60 minutes

Walther Ziegler
Kafka en 60 minutes

Walther Ziegler
Kant en 60 minutes

Walther Ziegler
Marx en 60 minutes

Walther Ziegler
Nietzsche en 60 minutes

Walther Ziegler
Platon en 60 minutes

Walther Ziegler
Popper en 60 minutes

Walther Ziegler
Rawls en 60 minutes

Walther Ziegler
Rousseau en 60 minutes

Walther Ziegler
Sartre en 60 minutes

Walther Ziegler
Schopenhauer en 60 minutes

Walther Ziegler
Smith en 60 minutes

Walther Ziegler
Wittgenstein en 60 minutes

AUTEUR:

Walther Ziegler est professeur d'université et docteur en philosophie. En tant que correspondant à l'étranger, reporter et directeur de l'information de la chaîne de télévision allemande ProSieben, il a produit des films sur tous les continents. Ses reportages ont été récompensés par plusieurs prix. En 2007, il a pris la direction de la « Medienakademie » à Munich, une Université des Sciences Appliquées et y forme depuis des cinéastes et des journalistes. Il est l'auteur de nombreux ouvrages philosophiques, qui ont été publiés en plusieurs langues dans le monde entier. En sa qualité de journaliste de longue date, il parvient à résumer la pensée complexe des grands philosophes de manière passionnante et accessible à tous.